LA LITERATURA CLÁSICA INDIA

Enrique Gallud Jardiel

LA LITERATURA CLÁSICA INDIA

ÍNDICE

INTRODUCCIÓN

LA LENGUA SÁNSCRITA

El sánscrito ha sido la lengua de la religión, la filosofía y la cultura indias, una fuente de inspiración que ha dado lugar a grandes logros intelectuales y estéticos, al mismo tiempo que ha servido de instrumento para establecer la unidad del país.

Es el principal idioma indo-ario de la época post-védica. Su nombre significa "culto" en contraste con el prácrito o "natural", la lengua de la gente común. Fonológicamente se acerca al védico –la lengua en que se hallan escritos los *Veda*– y a la del *Avesta* de Irán.

En el desarrollo del sánscrito pueden establecerse cuatro etapas principales. En la primera se produjeron modificaciones gramaticales complejas y precisas que dieron una base a la prosa y al verso, se originaron palabras compuestas que permitieron la asimilación de términos extranjeros y Pânini codificó la gramática. En la segunda etapa, la de las grandes epopeyas, la lengua adquirió gran flexibilidad y musicalidad, hablándose en toda la zona denominada Âryâvarta, que comprendía desde los Himâlaya hasta la cadena de los montes Vindhya. La tercera etapa, en los primeros siglos de la era cristiana, representa la tercera fase de su desarrollo, la época clásica, donde se crearon las más bellas obras. En la cuarta fase, el período medieval, la lengua se complicó y comenzó a adolecer de vigor creativo. A partir del siglo VI su uso se confinó a la clase sacerdotal y a los cortesanos y los diversos prácritos o "lenguas naturales", que habían convivido fructíferamente con el sánscrito, comenzaron a adquirir lentamente más importancia, aunque las piezas teatrales escritas en dos variedades lingüísticas nos demuestras que incluso aquellos que no tenían el sánscrito como lengua vernácula lo seguían entendiendo sin dificultad.

A partir del siglo X surgen las lenguas sanscríticas o derivadas del sánscrito, pero el empleo de la lengua madre como idioma literario la hace continuar vigente y valorada.

La toma de contacto de los europeos del siglo XVIII con el sánscrito marcó el inicio de los estudios lingüísticos de una manera científica. Este "descubrimiento" para Occidente del sánscrito hizo posible la formulación de la familia lingüística indoeuropea. En 1796, Sir William Jones dijo ante la Asiatic Society of Bengal:

La lengua sánscrita, sea cual sea su antigüedad, tiene una estructura maravillosa, es más perfecta que el griego, más amplia que el latín y más exquisitamente refinada que ambos. Y posee con ellas una afinidad en las raíces de los verbos y las formas gramaticales que no puede ser accidental. Ningún filólogo las puede examinar sin reconocer que han surgido todas ellas de una misma fuente común que quizá ya ha desaparecido. Existen razones semejantes para creer que las lenguas gótica y céltica comparten el mismo origen del sánscrito y también el antiguo persa ha de unirse a esta familia.

El descubrimiento de estos vínculos provocó un entusiasmo por esta lengua entre los orientalistas europeos del siglo XIX, como Max Müller, y un desarrollo intenso de la indología.

El sánscrito, además de su trasfondo indoeuropeo, tiene una gran relación con Asia Central, pues sirvió de base a textos filosóficos, artísticos y literarios que se difundieron en China, Cambodia. Siam e Indonesia. Es, además, un símbolo de unidad nacional y se continúa empleando como medio de comunicación y de expresión literaria.

LA LITERATURA SÁNSCRITA

La historia de la literatura sánscrita suele dividirse por lo general en dos grandes períodos: el Védico y el Clásico. El comienzo del primero puede establecerse alrededor del 1500 a. de C. y se extiende hasta el año 200 d. de C. El período Clásico, iniciado con el final de la literatura védica, acaba alrededor de los siglos XII-XIII.

El período védico

El término *Veda* se aplica a un corpus literario que recoge todos los datos de la antigua civilización India. Esto es: los *Veda* son los textos literarios más antiguos que existen, por lo que la tradición los considera eternos. Se pueden clasificar en cuatro grupos: el *Rik*, el *Yajus*, el *Sâman* y el *Atharvan*, cada uno de ellos con diferentes recensiones denominadas *shâkhâ*. Estas colecciones están divididas en partes denominadas *mandala*, en himnos llamados *sûkta* y en fórmulas invocatorias conocidas como *shloka* en forma de dísticos.

Estos cuatro *Veda* tienen sus propios *Brâhmana*, que son libros explicativos de los primeros. Toda esta literatura se presenta únicamente en porciones, por lo que es difícil obtener una visión de conjunto de lo que supuso en su momento. Otras partes explicativas son las denominadas *Âranyaka*, o "Tratados del bosque", que tratan de diversas disciplinas que deben observarse. Y la tercera parte de los comentarios son las *Upanishad*, comentarios filosóficos a los cuatro textos primordiales.

Los *Vedânga* son seis libros complementarios sobre las ciencias de las que se trata en los *Veda* e incluyen el saber sobre fonética, rituales, gramática, etimología, métrica y astronomía. Existen asimismo los *Sûtra*, tratados sobre los ritos védicos (*Shrauta Sûtra*), las ceremonias domésticas (*Grihya Sûtra*) y las reglas legales (*Dharma Sûtra*).

Otras ciencias y artes están también catalogadas como *Veda* y tienen sus propios tratados, como el *Gândharva Veda* (sobre musicología), el *Dhanur Veda* (sobre arquería) o el *Âyur Veda* (sobre medicina). También se basan en los *Veda* los textos denominados *Âgama*, sobre adoración de los dioses y ceremonias religiosas en los templos.

Todas estas obras, independientemente de su contenido científico o filosófico, están escritas en versos de perfecta medida y se hallan llenas de figuras retóricas de pensamiento y de palabra que embellecen su estilo, por lo que han de considerarse plenamente como obras de creación literaria en el más amplio sentido del concepto.

El período clásico

A partir del siglo II se inicia el período clásico que, en la forma, contrasta con el védico. Aunque se había empleado la prosa en el *Yajur Veda* y en los *Brâhmana* y desarrollado hasta cierto punto, se empleó menos en el sánscrito clásico. Salvo las obras gramaticales y las filosóficas, todas las demás se redactaban en verso y sólo se empleaba eventualmente la prosa para fábulas y cuentos cortos.

Los contenidos generales de la literatura clásica abarcan una gran variedad de temas seculares. En este período se llega a la perfección en muchos géneros literarios: en las epopeyas, en los tratados mitológicos, en los poemas cortesanos, en los romances en prosa, en el teatro, en los cuentos y en los comentarios filosóficos.

La poesía épica

La épica india se divide en dos clases principales: *itihâsa* o narraciones que recogen historias antiguas, y *kâvya* o ficción épica. El *Mahâbhârata* es un ejemplo del primer grupo, mientras que el *Râmâyana* pertenece a la segunda categoría.

El *Mahâbhârata* es el poema más largo de la literatura mundial y comprende 100.000 *shloka* o dísticos. Está dividido en dieciocho libros, con numerosas interpolaciones. Describe una guerra entre dos ramas de la misma familia por el control de un reino e incluye multitud de historias complementarias, leyendas sobre dioses y sabios, disquisiciones sobre filosofía, religión y ética y teorías cosmogónicas. Incluye la *Bhagavad Gîtâ*, considerada la obra fundamental del hinduismo.

El *Râmâyana*, dividido en siete libros y 24.000 versos, obra de Vâlmikî, describe las aventuras de Râma, séptima encarnación del dios Vishnu. Es una epopeya que gira en torno a la noción del deber y de la buena conducta. Aunque de dimensiones menores que la anterior es, si cabe, más conocida y sirve como punto de referencia incluso en la actualidad para muchas teorías de comportamiento político y social.

Los *Purâna* son las escrituras que presentan el conocimiento de los *Veda* en forma de narraciones históricas y mitológicas. Este título genérico, que significa literalmente "antigüedades", hace referencia a un conjunto de obras literarias compiladas entre el siglo IV y el XII, aunque con materiales mucho más antiguos. Son de gran importancia en el terreno de la mitología hindú. Son colecciones de leyendas simbólicas principalmente, aunque en ellas se encuentran enseñanzas sobre la práctica y el ritual, obligaciones de casta, fiestas y peregrinaciones, descripciones de lugares santos y de principios morales. Están escritos en un lenguaje sencillo y eran accesibles a todos los estratos de la sociedad. El canon puránico consta de dieciocho *Purâna*, denominados *Mahâpurâna* (grandes *Purâna*) y algunos *Upapurâna* (pequeños *Purâna*). El carácter de estas narraciones tiene siempre un contenido metafísico, dentro de su carácter pintoresco. Las leyendas tienden indefectiblemente a ilustrar la naturaleza de Dios y el funcionamiento del universo y ratifican el principio de la unidad en la diversidad, mostrando que todos los dioses individuales que protagonizan dichas leyendas son esencialmente el mismo: aspectos del Ser Supremo.

Los *kâvya* sánscritos tienen su origen en una época más antigua, según nos indican algunas referencias de autores fidedignos. Entre los más antiguos se encuentran el *Buddhacharita* y el *Saundarananda* de Ashvaghosha, del siglo I, pero se siguen escribiendo hasta el siglo XII. Los más famosos son, quizá, el *Raghuvansha* y el *Kumârasambhava* de Kâlidâsa. El primero describe la historia de Râma y de sus antecesores y el segundo narra el episodio mitológico del nacimiento del dios del amor, hijo del dios Shiva y de la diosa Pârvatî. El *Bhattikâvya*, atribuido a Bhartrihari, es otra versión de la historia de Râma, que destaca por su perfección gramatical. El *Kirâtârjunîya* de Bhâravi, donde se describe una batalla entre el dios Shiva y el héroe Arjuna, es un buen ejemplo del gusto sánscrito por las figuras retóricas, de las que hace un empleo muy abundante. El *Shishupâlavadha* de Mâgha describe como Krishna, encarnación del dios Vishnu, destruye al demonio Shishupâla, con una gran riqueza de significados y simplicidad estilística. La obra de Shrî Harsha, *Naishadhîyacharita*, sobre la historia de los dos famosos amantes Nala y Damayantî, destaca por su contenido erótico. Han también de mencionarse el *Râjataranginî* de Kalhana y el *Navasâhasânkacharita* de Padmagupta.

Poemas en prosa

La prosa clásica sánscrita se caracteriza por las vívidas descripciones de la naturaleza, por el empleo abundante de términos compuestos y por la inagotable sucesión de símiles, metáforas y otras figuras retóricas. Su contenido narrativo suele ser bastante reducido y el énfasis se halla indudablemente en el estilo. En su momento se exigía que la lengua tuviese un nivel muy alto y no todos los autores se aventuraban en este género. Estos poemas en prosa se dividían en dos categorías: los *âkhyayikâ*, poemas de tema histórico, y los *kathâ*, de contenido puramente imaginario.

De entre las obras del primer tipo se puede destacar *Harshacharita* de Bâna, sobre las hazañas del rey Harsha. A la segunda categoría pertenece *Kâdambarî*, del mismo autor, donde se narra la historia ficticia de varias generaciones de una familia. También en el variedad de *kathâ* tenemos el *Dashakumâracharita*, de Dandin, donde se describen diversos estratos de la sociedad en un tono picaresco y sin ocultar las debilidades de la gente común

Otra variedad de este tipo de obras es la denominada *champû*, muy popular, en donde el verso se entremezcla en ocasiones con la prosa, aunque no hay indicaciones de cuál debe ser la proporción. Este subgénero literario surgió alrededor del siglo X y fue bastante popular, pero no ha dejado obras de mucha calidad. Ejemplos de este subgénero son el *Nalachampû* de Trivikramabhatta, el *Yashatilakachampû* de Somadeva o el *Vishvagunadrashachampû* de Venkatesha, aparte de obras anónimas como el *Bharatachampû* y el *Râmâyanachampû*, imitaciones de las dos grandes epopeyas.

La poesía lírica

Generalmente la poesía lírica sánscrita la constituyen pequeños poemas, cuyo mérito consiste en la descripción de sentimientos expresados en una lengua simple, directa y apasionada, que pueda conmover el corazón del lector.

Una obra celebrada de este estilo es el *Meghaduta* de Kâlidâsa, que describe el viaje de una nube que lleva un mensaje de amor. Esta pieza, de gran perfección, pasó a considerarse un modelo a seguir dentro del género y produjo muchas imitaciones. El *Ritusamhâra*, del mismo autor, que describía las estaciones, presentó al paisaje y al clima como protagonistas literarios. El *Chaurapañchâshikâ*, de Bilhana, y el *Amarushataka*, de Amaru, se centran en el sentimiento erótico y muestran la maestría de estos poetas en asuntos amorosos. El *Gîtâgovinda*, de Jayadeva, obra muy celebrada, describe de manera exquisita el amor místico por la divinidad.

El teatro

El sabio Bharata es el mítico inventor del teatro indio. Estas piezas se caracterizan por basarse en las emociones heroica y erótica, que deben culminar al final de la pieza en las de asombro y sorpresa. El tema puede ser histórico o totalmente ficticio, prefiriéndose éste último. El número de actos varía entre cinco y diez y existen unos estereotipos de personajes que se repiten con bastante frecuencia.

Hay varias formas teatrales. Está el denominado *nâtaka*, que es el drama por excelencia, protagonizado por un rey o un dios. Su argumento suele ser mitológico o histórico y su estilo, muy solemne. El *prakarana* es otra variedad, con argumentos ambientados en una escala social más baja y con asuntor de tipo social. El *bhana* es una forma de monólogo en un acto, generalmente de tema erótico. El *prahasa* es el equivalente a la farsa. Puede tener uno o dos actos nada más. Es de carácter humorístico, se halla basado en enredos y equívocos y sus protagonistas pertenecen a las clases sociales más bajas. El *dima* es un subgénero fantástico, en cuatro actos, protagonizado por dioses y demonios, en el que abundan la magia, los encantamientos y, en general, todo lo misterioso. El *vyayoga*, en un acto, tiene un contenido bélico y guerrero. Existen, además, otras formas teatrales de menor importancia.

Quizá el más antiguo de los dramaturgos de los que se tiene referencia es Bhâsha, autor de trece obras conocidas, entre las que destacan *Svapnavâsavadatta* y *Madhyamavyâyoga*. Kâlidâsa es el autor más respetado, por la elegancia y sencillez de su estilo. Sus obras principales son *Vikramorvashîya*, la historia de amor entre un mortal y una ninfa celestial, *Mâlavikâgnimitra*, una historia cortesana, y *Abhijñânashakuntalâ*, la más famosa de sus piezas, sobre una historia de amores y olvidos. La obra *Mricchikatika*, de Shûdraka, destaca por su alto contenido humorístico. Son importantes también las obras de Shrî Harsha *Nâgânanda* y *Priyadarshikâ*, de amnbientación budista. En el terreno de las descripciones amorosas destaca Bhavabhûti, con sus obras *Mâlatîmâdhava*, *Mahâvîracharita* y *Uttarâmacharita*. El drama *Mudrârâkshasa* de Vishâkhadatta destaca por su intriga política.

Aunque la mayoría de las obras se han perdido, se conservan todavía cientos de ellas, de muy variada índole, entre las que merecen destacarse también las de autores como Bhattanârâyana, Râjashekhara y Krishnamishra.

La narrativa

La narrativa india fue en un principio de tradición oral. Los cuentos se recopilaron posteriormente en varias colecciones. Los objetivos de estas historias eran diversos. Uno de los más generalizados era el difundir enseñanzas espirituales y proteger el conocimiento sagrado. También se empleaban frecuentemente los cuentos como objeto de enseñanza práctica, derivando de ellos una literatura ética, fundamental en la educación de los jóvenes indios. Servían asimismo para enseñar a las gentes a defenderse de peligros inesperados y para prevenir contra tópicos, tabúes y supersticiones. Otra finalidad importante de estas narraciones era la del mero entretenimiento. Se contaban en voz alta estos cuentos para ayudar a las gentes a permanecer despiertas durante las vigilias religiosas, para el pastoreo o durante las épocas de cosecha. También eran útiles como prólogo a discursos y sermones, como parte de las ofrendas y de las celebraciones religiosas del calendario ritual.

Su estructura formal es la típica en la India. Siguen la forma de novela-marco, con multitud de cuentos dentro de otros cuentos, lo que permite fácilmente al narrador intervenir en la historia, así como contar un relato en el que él personalmente ha intervenido. Su temática es muy variada, abarcando desde lo épico a lo cotidiano, aunque abundan aquellas en las que se muestra una interacción entre dioses, héroes y seres humanos. Los argumentos se desarrollan en todos los niveles sociales y también son frecuentes las historias mitológicas y de ambiente religioso. La autoría de estos textos es difícil de precisar pues la mayor parte de los textos se compilaban, no se creaban y las diversas partes de estas recopilaciones muestran entre sí diferencias notables de estilo.

El libro titulado *Brihatkathâ* –hoy perdido– fue probablemente la obra más rica de la narrativa india antigua. Su recopilador fue Gunâdhya. La obra está compuesta en prosa y verso. De esta obra surgieron otras tres principales: el *Brihatkathâshlokasamgraha*, la *Brihatkathâmânjarî* y el *Kathâsaritsâgara* de Somadeva, que es la más amplia y famosa colección de cuentos conservada hasta la fecha. El *Dashakumâracharita*, de Dandin se distingue por su concisión narrativa y por el empleo de largas palabras en las descripciones. El *Pañchatantra*, de Vishnu Sharman, es la obra narrativa hindú más conocida en Occidente y trata de los cinco temas principales de la política cortesana. De ella se hicieron distintas versiones en lenguas vernáculas. El *Simhâsanadvâtrimshikâ*, de autor desconocido, es famosa por sus elementos fantásticos. El *Shukasaptati* se centra en el tema del ingenio y de cómo sus protagonistas logran salir de una situación difícil. El *Vetâlapañchavimshatikâ*, de Shivadâsa, trata de las habilidades que se han de tener para ser un buen gobernante. El *Avadânakalpalatâ*, de Kshemendra, trata de la descripción de las virtudes budistas, al igual que las titulada *Avadânashataka*. El *Kathâkosha*, anónimo, y el *Kathâratnâkara*, de Hemavijayagani, tratan de la astucia de las mujeres.

EL SANSCRITISMO ESPAÑOL

La ojeada histórica a los estudios de sánscrito en España puede comenzar, a título de curiosidad, con la mención de Enrique Zariquey, quien, a fines del siglo XVI, publicó una gramática y un diccionario de lo que él denominó «la lengua de Comorín». En realidad, hasta el siglo XVIII no se consiguió en la península reunir material para una gramática sánscrita, lo que hizo el misionero jesuita F. Pons.

En otros países de Europa el estudio del sánscrito progresó más que en España y surgieron en el campo de la gramática nuevas teorías inspiradas en las doctrinas de Pânini y Patañjali. H. T. Colebrooke inició el estudio del sánscrito sobre fundamentos científicos y en 1786 William Jones habló por primera vez de una lengua madre común al latín y al sánscrito ya perdida: el indoeuropeo. En España, los estudios filológicos sobre este tema tomaron verdadero impulso gracias a Lorenzo Hervás y Panduro, sin duda uno de los sabios más justamente afamados de su época y quien fue el primero en sentar el principio más capital y fecundo de la ciencia filológica: que la clasificación de las lenguas no debe fundarse en la semejanza de los vocabularios, sino en el artificio gramatical. Sus obras importantes son un *Vocabulario políglota* (1787) y, sobre todo, su *Catálogo de las lenguas de las naciones conocidas, y enumeración, división y clases de éstas según la diversidad de sus idiomas y dialectos*, obra aparecida de 1800 a 1805 y en cuya segunda parte se trata del sánscrito, de los prácritos y del palî, así como de sus idiomas derivados.

A principios del siglo XIX Franz Bopp creó la ciencia de la filología comparada (1816) y abrió en toda Europa nuevos campos para el estudio de las lenguas extranjeras. En 1856 se inició la enseñanza de la lengua sánscrita en la

Universidad Central de Madrid, tras años de presión por parte de los seguidores de la escuela de Hervás. La fundación de esta cátedra fue muy bien recibida en los círculos intelectuales y se escribieron artículos elogiando esta iniciativa de la universidad.

Contando ya con un foro en el que desenvolverse, los estudios sobre el sánscrito llegaron a su gran apogeo con el orientalista Francisco García Ayuso quien, aparte de su labor como filólogo, hizo las primeras traducciones de obras capitales como *Shakuntalâ*, etc., y diversos ensayos sobre budismo. García Ayuso escribió un tratado sobre la transcripción de las voces sánscritas y varios estudios críticos de gramática comparada, destacando entre ellos *El estudio de la filología en su relación con el Sánskrit* (1871), obra que también fue muy bien acogida.

Vienen a continuación todos los seguidores de García Ayuso, quienes, en los últimos años del siglo, completaron admirablemente la labor de su maestro. Han de mencionarse los nombres de T.H. Pardo de Tavera, Julio Cejador y Frauca, Ángel Amor Ruibal (quien destaca por su estudio de los problemas fundamentales de la filología), Juan Gelabert y Gordiola (autor de un *Manual de lengua sánscrita*, 1890) y Francisco María Rivero (*Gramática elemental del sánscrito clásico*, 1881). Esta generación de especialistas escribió diversos manuales de sánscrito con estudios sobre el desenvolvimiento histórico-literario de la lengua, así como trabajos sobre la fonética del sánscrito, sus declinaciones, sus sufijos y otros aspectos.

Al iniciarse el presente siglo surge otra figura destacada en estos estudios: José Alemany Bolufer. Su libro *De la lógica y de la gramática o del orden de las palabras en la lengua indoeuropea* (1909) se tradujo a muchos idiomas europeos y marcó un hito en los estudios de las fuentes del sánscrito y otras lenguas hermanas. Alemany Bolufer llama al indoeuropeo «da lengua aria» y publica en 1925 un interesante libro sobre ella, sus dialectos y los países en los que se habla. Tras Alemany vienen dos humanistas y conocedores del sánscrito, que divulgaron en la cátedra y en los libros las nuevas corrientes de la lingüística y que, al mismo tiempo que vertían al castellano obras sánscritas, reunieron material bibliográfico del indoeuropeo, encauzando estos estudios en España. Son Mario Daza de Campos y Pedro Urbano González de la Calle. Ambos se dedicaron a la difusión del indoeuropeo y trabajaron en colaboración con especialistas del extranjero.

La segunda mitad del siglo contempla un retroceso en esta área de investigación y un menor interés institucional sobre el tema. Una de las últimas grandes figuras del sanscritismo en España es Francisco Rodríguez Adrados quien, entre otras muchas, ha dado a la imprenta tres obras de gran importancia: *Védico y sánscrito clásicos*, con gramática, textos anotados y vocabulario etimológico (1953), *Evolución y estructura del verbo indoeuropeo* (1963) y *Estudios sobre las sonantes y laringales indoeuropeas* (1973). En las últimas décadas sus seguidores han publicado estudios sobre los casos del indoeuropeo, el sistema pronominal, el adverbio o diversas formas verbales. En 1972 apareció otra gramática, *Sánscrito elemental*, de Sergio E. Acosta, y se están haciendo cada vez más traducciones de diversas obras clásicas, aunque sigue siendo éste un terreno que está en gran parte aún por conocer.

En la actualidad, la figura destacada del sanscritismo español es Óscar Pujol Riembau, autor de un excelente *Diccionari sànscrit-català* y de numerosos estudios sobre obras clásicas.

LITERATURA VÉDICA

Rig Veda

Los **Veda** son las escrituras sagradas hindúes y su nombre significa literalmente *"la ciencia"*. Son los textos de la fase literaria más antigua de toda la literatura indoeuropea, de fondo marcadamente religioso y que abarca cerca de dos milenios (2500-500 a. de C.). Constan de una himnología sagrada, en shloka o dísticos, de elevada inspiración poética que más tarde se complementa con obras de exégesis. Comprende cuatro textos: el **Rig Veda** o **Veda** de los himnos; el **Atharva Veda** o **Veda** de los sacerdotes brujos; el **Sâma Veda** o **Veda** de las melodías y el **Yajur Veda** o **Veda** de las fórmulas sagradas.

El **Rig Veda**, del que ofrecemos un himno representativo, es la exposición del más antiguo pensamiento religioso indio, cuya concepción fundamental es un politeísmo naturalista. En estos himnos no faltan las alusiones a la vida real, a las luchas de los arios invasores con los pueblos aborígenes de la India, los cantos nupciales y fúnebres, así como los satíricos y filosóficos. Los himnos se caracterizan por la sencillez de dicción y la claridad del pensamiento. Los temas se prestan a la sutileza, de donde procede la tendencia a las adivinanzas y juegos de palabras. Son muy ricos en contenido mitológico.

HIMNO X, 121

En el comienzo surgió Hiranyagarbha,
nacido como Señor de toda existencia.
Creó la tierra y estableció los cielos.
¿A qué dios habremos, pues,

de ofrecer nuestras oblaciones?
¿Quién nos da el aliento? ¿Quién la fuerza?
¿A quién deben sometimiento las criaturas
y los dioses?
¿Quién es la muerte y a la vez la vida inmortal?
¿A qué dios hemos de ofrecer nuestras oblaciones?
¿Quién, por su poder, se erigió en monarca
de todo lo que respira,
de lo que está despierto o dormido,
de hombres y de bestias?
¿A qué dios hemos de ofrecer nuestras oblaciones?
Estas montañas nevadas,
el océano y las lejanas corrientes,
¿de quién muestran el poder y la majestad?
¿De quién son estos brazos
que, extendidos, abarcan todas las regiones?
¿A qué dios hemos de ofrecer nuestras oblaciones?
¿Quién hizo brillantes a los cielos
y perdurable a la tierra?
¿Quién creó el firmamento,
cielo de cielos?
¿Quién midió los inmensos espacios del aire?
¿A qué dios hemos de ofrecer nuestras oblaciones?

LITERATURA UPANISHÁDICA

Brihadâranyaka Upanishad

Upanishad *es una voz sánscrita que significa "sentarse a los pies del maestro". Son coloquios filosóficos de explicación de los* **Veda** *y fuente escrita de la metafísica hindú, así como precursores del budismo y una fuente especialmente fidedigna sobre su momento histórico. Se cuentan hasta ciento ocho. Fueron compuestos principalmente entre el 800 y el 450 a. de C. y cambian radicalmente la orientación védica, pasando del ritual hecho para los dioses exteriores a una forma de espiritualidad que busca al dios interior en cada ser.*

Estos textos sánscritos están elaborados en forma de diálogos entre discípulo y maestro. Domina en ellos la idea panteísta, según la cual universo es divino y en él está el alma universal [Brahman] *con que se identifica además el alma individual* [âtman]. *Son considerados sagrados por los hindúes, ya que son revelación divina.*

El **Brihadâranyaka** *("La upanishad del gran bosque") es una de las más antiguas y se remonta al 600 a. de C. Es una de las más importantes por su extensión y la riqueza de sus enseñanzas. Es una obra de recopilación, con diversos textos de diferente procedencia. Nos ha llegado en dos versiones. Se compone de tres secciones, cada una subdividida, y con una lista de los maestros que se transmitieron de unos a otros las enseñanzas. Comienza con disquisiciones acerca del ritual, pasa luego a consideraciones de orden cosmogónico y termina con especulaciones metafísicas o místicas acerca del* Brahman *y del* âtman. *Destaca también por la lacónica belleza de su estilo.*

A continuación le preguntó Vidagdha Shâkalya:

—¿Cuántos dioses hay, Yâjñavalkya?

Y contestó así Yâjñavalkya, según la invocación:

—Cuantos se mencionan en la invocación del himno a todos los dioses; a saber, que son trescientos tres y tres mil tres.

—Sí, Yâjñavalkya, pero, ¿cuántos dioses hay realmente?

—Treinta y tres.

—Sí, Yâjñavalkya, pero, ¿cuántos dioses hay realmente?

—Seis.

—Sí, Yâjñavalkya, pero, ¿cuántos dioses hay realmente?

—Dos.

—Sí, Yâjñavalkya, pero, ¿cuántos dioses hay realmente?

—Uno y medio.

—Sí, Yâjñavalkya, pero, ¿cuántos dioses hay realmente?

—Uno.

—Bien. ¿Cuáles son esos trescientos tres y tres mil tres?

—Esas son solamente sus manifestaciones. En realidad únicamente hay treinta y tres dioses.

—¿Cuáles son esos treinta y tres dioses?

—Ocho *vasu*, once *rudra*, doce *âditya*: estos son los treinta y uno. Además, con Indra y Prajâpati, suman treinta y tres.

—¿Cuáles son los *vasu*?

—Agni [el fuego], Prithvî [la tierra], Vâyu [el viento], Antariksha [el firmamento], Âditya [el sol], Dyaus [el cielo], Chandrama [la luna] y las Nakshatra [las estrellas]. En ellos se basa el mundo.

—¿Cuáles son los *rudra*?

—Los diez alientos vitales [*prâna*] que hay en el ser humano, más el **âtman**, que es el undécimo. Cuando desaparecen, hacen sufrir al cuerpo.

—¿Cuáles son los *âditya*?

—Son los doce meses del año. Ellos avanzan, llevándose consigo todo lo que hay en el mundo.

—¿Quiénes son Indra y Prajâpati?

—Indra es el trueno; Prajâpati, el sacrificio.

—¿Cuáles son los seis dioses?

—El Fuego, la Tierra, el Viento, el Firmamento, el Sol, el Cielo. Ellos seis son todo este mundo.

—¿Cuáles son los tres dioses?

—Son, en realidad, estos tres mundos, pues en ellos moran todos estos dioses.

—¿Cuáles son los dos dioses?

—Son el alimento y el hálito vital.

—¿Cuál es el dios y medio?

—Este aire que sopla. Se dice que si sopla como uno sólo, ¿cómo puede ser uno y medio? Pero como con él todo el mundo crece y se agranda, por ello se le considera uno y medio.

—¿Cuál es el dios uno?

—Es el hálito vital. Es el *Brahman* [el Absoluto]. Se le llama *Tyat*, que significa "eso".

—Pues bien, quien en verdad conozca a aquel ser, *Purusha* [el Hombre Primigienio], meta final de toda alma, cuya morada es la tierra, cuya visión es el fuego, cuya luz es la mente y que es el principio de todo ser, ése es, Yâjñavalkya, el verdadero conocedor.

KAUTILYA CHÂNAKYA

Nîti Shâstra

Chânakya, brahmán de Takshashilâ, fue primer ministro y consejero de Chandragupta Maurya, rey de Magadha (en el actual estado de Bihar). Se le considera uno de los grandes sabios de la India antigua y vivió entre el 350 y el 277 a. de C. aproximadamente. Se le conoce también por su nombre propio —Vishnugupta— y por el de su sub-casta, Kautilya.

Su educación tuvo lugar en la ciudad de Takshashilâ, el centro más importante en el estudio de humanidades, ciencias y artes del tiempo. Fue gran conocedor de la teoría y la práctica de la administración y la política, autor de varios libros y recopilador de mucho material.

*Los dísticos que incluimos pertenecen al llamado **Nîti Shâstra** ("Tratado de política"), en donde se recopilan 307 citas sobre sabia conducta y sabiduría racional, haciéndose énfasis en la importancia del intelecto en la vida del hombre. Es una obra desconocida hasta ahora en castellano que trata sobre la sabiduría espiritual y la mundana, sobre el conocimiento y la riqueza y sobre las acciones beneficiosas o perniciosas que el hombre puede llevar a cabo. Es una obra en extremo interesante por la manera en la que combina el espiritualismo con las enseñanzas para triunfar en una sociedad materialista.*

NÎTI SHÂSTRA
(Selección)

Primero inclino ni cabeza ante Vishnu,
el Preservador de los tres mundos;
y enuncio el código de la conducta real
que mandan las escrituras.

*

¿Qué he de temer en mi vida
si Hari [Vishnu] me protege?
Si no fuera por Él
no brotaría leche de los pechos maternos.
Pensando en ello,
¡oh, señor de las criaturas!,
sirviéndote y adorando tus pies de loto
paso mis días.

*

Para el sacerdote, Dios está en el fuego;
para un sabio, en el corazón.
Dios está en la imagen para el ignorante
y en todas partes para el justo.

*

Ninguna austeridad es mejor que la calma,
ninguna alegría supera al propio contento;
ninguna enfermedad es peor que la avaricia
y ninguna religión supera a la compasión.

*

La mente humana es la causante
de la esclavitud y de la redención.
El amor al placer la esclaviza
y la indiferencia la libera.

*

Como está la fragancia en la flor,
el aceite en la semilla de sésamo,
el fuego en la madera,
la mantequilla en la leche
y el dulzor en la caña de azúcar
así está el alma en el cuerpo.

*

Estamos solos ante la vida y la muerte:
estamos solos antes las acciones buenas y malas.
A solas nos enfrentamos a los infiernos
y a solas ganamos los cielos.

*

Riquezas, esposas, amigos y tierras
son cosas que fácilmente pueden conseguirse.
Pero el encarnar en forma humana
no es algo que suceda con frecuencia.

*

Como el ternero encuentra a su madre
entre miles de vacas,
así el resultado de las acciones

de las vidas pasadas
encuentran al que las cometió.

*

El que está ligado, tiene temor.
El amor es un cuenco de tristezas,
porque las ataduras son causa de sufrimiento.
Únicamente el renunciar a ellas
puede darnos la felicidad.

*

El pobre desea riquezas,
los animales desean el don de la palabra,
los seres humanos quieren el paraíso
y los divinos ansían la liberación.

*

El cuerpo físico es mortal,
la riqueza no dura para siempre
y la muerte nos acecha incansablemente.
Busquemos, por tanto, la virtud.

*

La verdad es mi madre;
mi padre es el conocimiento.
La rectitud es mi hermano
y mi amigo, la compasión.
La paz es mi esposa
y el perdón es mi hijo.
Todos ellos son

mi verdadera familia.

*

La caridad, el estudio, la penitencia
durante una vida
hacen avanzar al que los practica
en la vida siguiente.

*

Hay tres joyas en el mundo:
el agua, el alimento
y las buenas palabras.
Pero el necio
considera joyas a algunas piedras.

*

El árbol amargo del mundo
tiene dos dulces frutos:
las palabras sabias
y la compañía de los amigos.

*

El mérito hace grande a una persona
y no el estar en un alto puesto.
¿Se convierte, acaso, el cuervo en águila
por posarse en las torres de un palacio?

*

No llores por el pasado

ni te angusties por el futuro.
El hombre sabio sabe
que ha de actuarse en el presente.

*

¿Para qué le sirve un espejo
al que no tiene ojos?
¿Para qué le sirven los libros
al que no emplea su intelecto?

*

Si hablas verdad
no necesitas hacer penitencias.
Si tu conciencia está limpia
no precisas hacer peregrinajes.

*

Aquel que sabe hablar según la ocasión,
quien sabe actuar según su capacidad,
quien sabe enojarse según su poder,
ése es en verdad sabio.

*

El que estudia es elogiado en el mundo
y alabado por doquier.
El conocimiento es la fuente de todo bien
y adorado en todas partes.

*

Aunque posea belleza,
familia y linaje,
un hombre sin cultura
es como una flor sin fragancia.

*

El conocimiento da su fruto
en todo momento
como la sagrada vaca de los deseos.
Nutre al hombre como una madre
y es como un secreto tesoro.

*

Los pobres tiene muchos deseos
y lo mismo les sucede a los ricos.
En verdad, sin la joya del conocimiento
los deseos surgen incesantes.

*

No hay en la tierra riqueza
con que se puedan pagar
las enseñanzas
de un verdadero maestro.

*

El hombre sabio
considera como madres
a las esposas de otros hombres,
considera como barro las riquezas ajenas
y ve a todos los seres

como si fueran él mismo.

*

Quien critica a los otros
sin conocer sus méritos
es como una mujer tribal
que recoge el fruto caído del árbol
y desprecia la joya perdida
por ignorar su valor.

*

El que te engendra,
el que te inicia,
el que te educa,
el que te alimenta
y el que aleja de ti los miedos:
estos cinco merecen
el nombre de padre.

*

La gente baja desea riquezas;
los mediocres quieren prosperidad y fama;
la gente noble desea dignidad,
pues ésta es la riqueza de los hombres honrados.

Artha Shâstra

El **Artha Shâstra** *("Tratado del beneficio") es una obra didáctica de política práctica, que examina en profundidad y detalle las técnicas del poder. El texto está dedicado a la enseñanza del mante-*

nimiento de la estabilidad en un reino y del poder real. *Describe la enseñanza que se ha de dar a los príncipes, la forma de nombrar ministros, los beneficios de la instauración de un servicio secreto y toda una serie de leyes de gobierno de sorprendente profundidad, así como técnicas de conquista, al tiempo que se conserva la prosperidad económica interior de un reino.*

Es el libro más antiguo conocido sobre ciencias políticas y parece ser en realidad un compendio de tratados anteriores sobre el arte del gobierno y la administración. Más que un libro de teoría puede considerarse un manual práctico, por la forma concisa y directa en que está redactado. Por él se ha comparado a su autor con Maquiavelo de manera errónea, pues la obra de Chânakya preconiza un gobierno que nunca se aparta de los parámetros de una estricta ética y en donde la honestidad y la lealtad son virtudes esenciales.

Está dividido en quince capítulos y 180 subcapítulos. Es una obra de estilo pragmático, escrita en prosa, aunque con algunos versos intercalados que resumen cada apartado. Se han hecho muchos comentarios de esta obra en siglos posteriores y se la sigue considerando útil en un contexto socio-político moderno.

REGLAS PARA EL REY

Cuando el rey se muestra activo, también lo son sus sirvientes y si él no cumple sus funciones, nadie lo hará. Además, sus enemigos le vencerán, por lo que en un rey es precisa la continua actividad.

Ha de fragmentar su jornada en ocho partes y también la noche, mediante la división en *nâlikâ* [veinticuatro minutos] o mediante la medida de las sombras. Durante el primer octavo del día debe escuchar las medidas que se toman en relación con los ingresos y los gastos del tesoro. Durante el segundo, debe ocuparse de los asuntos de sus súbditos. En el tercer octavo se bañará, tomará algunos alimentos y se dedicará al estudio. El cuarto octavo del día debe emplearse para recibir los tributos y para asignar tareas a sus jefes de departamentos. Durante el quinto consultará a su consejo de ministros, escribirá cartas y se enterará de la información secreta que le proporcionen sus espías. El sexto período lo dedicará al ocio y al placer o a hacer consultas. Durante el séptimo pasará revista a sus elefantes, caballos, carros y tropas. En el octavo deliberará sobre planes militares con su comandante en jefe. Cuando el día finalice, llevará a cabo sus adoraciones vespertinas.

Durante el primera octava parte de la noche entrevistará a sus agentes secretos. En el transcurso de la segunda se bañará, comerá y estudiará. La tercera parte será para descansar en el lecho, escuchando instrumentos musicales, durmiendo durante las partes cuarta y quinta. Durante la sexta división de la noche se despertará al son de la música y se ocupará de la enseñanza de la ciencia política, así como de las labores que resten. La séptima parte será para consultas con consejeros y espías. En la octava recibirá las bendiciones de los sacerdotes y maestros religiosos y recibirá a su médico, a su cocinero y a su astrólogo. Y tras caminar en derredor de un toro y de una vaca con su ternero, se dirigirá al salón de asambleas.

Puede también dividir el día y la noche de otra manera diferente, según sus ocupaciones y su capacidad.

Al llegar a la sala de la asamblea debe permitir la entrada en ella a todos los que deseen verle para algún asunto. Porque un rey al que no se le puede hablar acaba incumpliendo sus deberes regios. A causa de ello puede tener que enfrentarse a una insurrección de sus súbditos o a un ataque de sus enemigos. Por consiguiente debe ocuparse de los templos, las ermitas, los heréticos, los brahmanes versados en los *Veda*, el ganado, los lugares sagrados, los menores de edad, los ancianos, los enfermos, los desposeídos y las mujeres, en este orden o según la importancia del asunto de que se trate.

Debe escuchar de inmediato los asuntos urgentes y no postponerlos. Un asunto postpuesto se convierte en algo de difícil solución.

Debe ocuparse de los asuntos de las personas versadas en los *Veda* y de los ascetas, tras haberse desplazado hasta los santuarios en compañía de sus sirvientes y preceptores. Pero los asuntos relacionados con personas dedicadas a la magia no debe juzgarlos por sí mismo, sino en consulta con personas expertas en los *Veda*, para evitar que se enojen.

El voto supremo de un rey consiste en la actividad, el sacrificio y la administración del reino; debe tener una conducta imparcial y una iniciación religiosa.

La felicidad del rey reside en la felicidad de sus súbditos y lo que es beneficioso para ellos redunda en su propio beneficio. No es bueno para un rey lo que él desea, sino lo que desea su pueblo.

Por ello, el rey, en su actividad, debe ocuparse del bienestar material de sus gentes. La actividad es la raíz del bienestar material y la inactividad sólo conduce a la miseria. Si no se trabaja, se destruye lo que ya se tenía. La labor incesante de un rey produce, sin duda, la abundancia para su pueblo.

VÂLMIKÎ

Râmâyana

Nada se sabe de la figura legendaria de Vâlmikî, al que se le considera como âdikavi, *el primer poeta. La leyenda habla de un bandido, de nombre Ratnâkara, que abandonó su vida de crímenes e hizo largas penitencias, durante las cuales quedó cubierto por un hormiguero (en sánscrito* valmika, *de donde le viene el nombre). En un momento de esta vida ascética, recibió el* **Râmâyana** *por inspiración divina, cuando se hallaba meditando en dios y pronunciando el nombre de Râma. Se data este hecho alrededor de los siglos IV ó III a. de C., aunque es difícil fechar con certeza la epopeya.*

El **Râmâyana** *("Las andanzas de Râma") narra la historia del príncipe Râma, séptima encarnación del dios Vishnu. Esta epopeya consta de veinticuatro mil estrofas distribuidas en siete libros, de los que el primero y el último son adiciones posteriores. Está dividido en siete cantos, segmentados a su vez en capítulos, compuestos en dísticos.*

Su argumento cuenta las aventuras de Râma, rey de la ciudad de Ayodhyâ (la actual Avadha, en el estado de Uttar Pradesh). El padre del príncipe Râma, el rey Dasharatha, había hecho a la madrastra del príncipe la promesa de concederle cualquier deseo. Esta le pidió que desterrara al príncipe Râma al bosque, para que otro hijo pudiera reinar en su lugar. El rey Dasharatha lo hace y el príncipe Râma se encamina a los bosques junto con su esposa Sîtâ y su hermano Lakshmana. Allí residen durante catorce años hasta que el rey de la ciudad de Lankâ (Sri Lanka), el demonio Râvana, ve a Sîtâ y, enamorado, la rapta. El príncipe acude a rescatarla ayudado por un ejército de monos. Destruye la ciudad de Lankâ y mata al

---

raptor. El príncipe Râma es aquí el símbolo del deber y prototipo del ideal del guerrero, mientras que Sîtâ lo es de la esposa fiel y virtuosa.

*La epopeya incluye multitud de narraciones. Se han hecho de esta obra innumerables versiones en lenguas vernáculas de la India y su área de influencia llega hasta Thailandia, Camboya, Laos e Indonesia. De esta epopeya y del **Mahâbhârata** sacaron los poetas medievales indios gran cantidad de material. Las aventuras de Râma se han convertido en tema de todo tipo de obras literarias y populares, así como representaciones escénicas de carácter popular, como la llamada Râmalîlâ. Es una obra que permanece vigente entre todos los estratos de la sociedad y cuyo simbolismo se considera todavía válido.*

El fragmento que incluimos describe la fase final del combate entre las tropas de Râma y Râvana y la muerte de este último.

YUDDHAKHANDA CVII-CVIII

Entonces, Râma y Râvana, más violentos que nunca, comenzaron desde sus carros un colosal duelo que llenó al mundo de espanto. Los batallones de demonios permanecían inmóviles, con las armas en la mano. Todos los corazones palpitaban viendo enzarzados en combate a aquellos dos héroes: el hombre y el demonio. Los soldados, armados y prestos a la lucha, estaban cautivados por el espectáculo y no se decidían a iniciar el combate. Los demonios contemplaban a Râvana y los monos a Râma, presentando ambos ejércitos un extraño aspecto. Entre tanto, contemplando los presagios, ambos, el descendiente de Raghu [Râma] y Râvana, llenos de decisión, de firmeza y de cólera, luchaban con intrepidez. Râma se concentraba en la victoria y su rival, en acabar con su enemigo. Y, llenos de seguridad, los dos desplegaban en el combate toda su energía.

Irritado, Râvana, el de las diez cabezas, cogió dos lanzas y las arrojó vigorosamente en dirección al estandarte del carro de Râma. Los proyectiles no alcanzaron a la bandera del carro, sino que apenas rozaron el asta y cayeron por el suelo. Por su parte, Râma, furioso, tendió su arco con fuerza resuelto a devolver golpe por golpe. Apuntó al estandarte de Râvana con una aguda flecha, semejante a una gran serpiente irresistible y que brillaba con su propio fulgor. Râma lanzó con vigor su arma en la dirección de la bandera de Râvana; ésta cayó por tierra, destrozada. Viéndola así humillada, el poderosísimo Râvana montó en cólera, ardiendo de indignación e impaciencia. A impulsos de su furor hizo llover ardientes proyectiles que alcanzaron a los caballos del carro de Râma. Los divinos corceles no se amedrentaron; ni siquiera dieron muestras de inquietud. Permanecieron tranquilos, cual si les hubieran atado con tallos de loto.

Cuando vio que aquellos caballos no se espantaban, Râvana, furioso, lanzó una nueva avalancha de flechas, mazas, barras de hierro, discos, crestas de rocas, árboles, venablos y hachas. Las lanzaba por centenares de millares, haciendo uso de todo su coraje. Aquel diluvio de proyectiles era espantoso y terrible y se aumentaba al repetir el eco su fragor. Râvana no acertó al carro de Râma, pero sus flechas cayeron por doquier sobre el ejército de los monos, llenando los aires. Râvana combatía valientemente de este modo. Râma, viéndole desplegar aquella incesante actividad en el combate, le lanzó flechas de acero a cientos. Râvana llenó el aire con las suyas. Aquella profusión de proyectiles lanzados por los dos rivales cubrió por completo el cielo y ni uno de ellos quedó sin dar en el blanco. Chocaban unos con otros y caían al suelo. De esta manera luchaban Râma y Râvana. Hacían llover sus jabalinas sin interrupción a derecha e izquierda, llenando los huecos del espacio. Râma hería a los caballos de Râvana; Râvana, a los de Râma y de este modo se devolvían golpe por golpe. Ambos, llenos de ira, entablaron un duelo colosal.

La lucha llegó a ser espantosa, como para erizar el cabello. Todos los seres contemplaban atónitos el combate. Ambos guerreros se defendían con sus excelentes carros, mientras alrededor caían sus compañeros. Encarnizados por sus pérdidas, adquirieron un aspecto terrible. Mientras los aurigas hacían avanzar y retroceder a los caballos, Râma y Râvana se hostigaban mutuamente.

Mientras los dos guerreros se arrojaban grandes cantidades de proyectiles, los dos carros cruzaban el campo de batalla como nubes que llevaran sus cargas de agua. Tras haber demostrado sus habilidades en el arte de la guerra, ambos campeones se detuvieron uno frente al otro, atascados los carros, juntas las cabezas de sus caballos y mezclados sus estandartes. Cuando se hallaron de este modo, Râma lanzó cuatro flechas de acero que hicieron retroceder a los cuatro ardorosos caballos de Râvana. Este, furioso al verlos retroceder, envió sus penetrantes flechas contra Râma. Éstas alcanzaron al héroe, pero él no sintió ninguna emoción, ni turbación alguna. De nuevo Râvana lanzó sus estruendosas flechas, apuntando al escudo del dios del trueno. Los proyectiles hirieron al auirga Matalî con extremada violencia, aunque sin causarle el menor temor. Râma, indignado por las heridas de Matalî más que por las suyas propias, desconcertó a su adversario con ayuda de sus flechas. Primero fueron veinte, luego treinta, sesenta, cien, mil proyectiles los que Râma lanzó sobre el carro de su rival. Por su parte, el rey de los demonios, furioso, en pie sobre su carro, abrumó a Râma con una avalancha de mazas.

La lucha se tomó espantosa y, al ruido de los armas, los siete océanos se agitaron. El movimiento del mar espantó a los seres que moraban en sus profundidades. Toda la Tierra tembló, el astro del día perdió su fulgor y el viento dejó de soplar. Todos los seres celestiales y terrenales se angustiaron enormemente.

—¡Que Dios proteja a las vacas y a los brahmanes! ¡Que los mundos subsistan eternamente! ¡Que Râma salga vencedor de esta lucha contra Râvana, rey de las demonios! – rogaban los dioses, que contemplaban el duelo de Râma y de Râvana, un horrible espectáculo que erizaba los cabellos.

Los músicos celestiales y las ninfas exclamaban, viendo aquel combate sin igual:

—El mar sólo se parece al cielo y el cielo, sólo al mar; la lucha entre Râma y Râvana no se asemeja sino a la lucha entre Râma y Râvana.

Impulsado por la cólera, el guerrero de los grandes brazos, la gloria de la estirpe de Raghu [Râma], colocando en su arco una flecha semejante a un venenoso reptil, cercenó una de las cabezas de Râvana; ésta, adornada por centelleantes bucles, rodó por tierra, ante los ojos de los habitantes de los tres mundos. No obstante, otra cabeza semejante a la cortada brotó instantáneamente del cuello de Râvana. Con mano rápida, Râma, lleno de destreza, cortó la segunda cabeza con sus flechas. Apenas cortada, reapareció otra, que fue cortada de nuevo por los fulminantes flechas del héroe, que abatió un centenar de cabezas, sin que Râvana quedase herido de muerte. Entonces el guerrero conocedor de todas las armas, el amado de su madre, pensó:

"Estas flechas son las mismas con las que he matado a Maricha, a Khara y a Dushana en el monte Krauñchavata, y a Viradha y a Kabandha en el bosque de Dandaka, y con las que he atravesado los montes y he turbado al mar. Todas estas flechas hasta ahora me habían obedecido en el campo de batalla. ¿Por qué tienen tan poco poder sobre Râvana?"

Absorbido por este pensamiento, pero sin cejar en el combate, Râma continuó en su esfuerzo, mientras todos los seres lo contemplaban. Râvana, por su parte, furioso, siguió abrumando a Râma con una avalancha de mazas y de barras de hierro.

Esta lucha continuó, encarnizada, terrible, en el aire, en la tierra y en la cima de la montaña, desde donde los dioses, los gigantes, los demonios y las serpientes contemplaban aquel gran espectáculo que se prolongó durante siete días. Ni por la noche ni por el día, ni una hora, ni un minuto dejaron Râma y Râvana de combatir. Mientras continuaba la lucha entre el hijo de Dasharatha [Râma] y el dios de los demonios, al ver declararse la victoria en favor del primero, el magnánimo escudero del príncipe de los dioses dirigió rápidamente al belicoso Râma estas palabras:

—¿Cómo es posible que obres con Râvana como si ignorases tus recursos? Lanza contra él la flecha del Abuelo [el dios Brahmâ], Señor. Ya ha llegado la hora de su muerte, anunciada por los dioses.

Impulsado por las palabras de Matalî, Râma cogió un flecha con silbidos de víbora, que le había dado en otro tiempo el venturosísimo y poderoso sabio Agastya. Aquel dardo, regalo de Brahmâ, no fallaba jamás en el combate. El poderoso Brahmâ la había fabricado para dársela al dios Indra, que quería conquistar los tres mundos. El viento estaba en sus plumas y el espacio y el sol, en su punta. Su tallo estaba hecho con la atmósfera y su fuerza la daban los montes Meru y Mandara. Se componía de la energía de todos los seres y tenía el resplandor del Sol. Era semejante al fuego del tiempo por su humo, era ardiente como una serpiente venenosa y podía atravesar toda una tropa de hombres, elefantes y caballos. Rompía puertas, barras e incluso rocas. Estaba manchada con la sangre de toda clase de víctimas y cubierta por su grasa, por lo que tenía una apariencia espantosa. El sonido que producía, ruidoso como el trueno y silbante como un áspid, dispersaba todas las asambleas y causaba el espanto en los mundos. Era una especie de dios de la muerte que sembraba el espanto en la guerra y entre los buitres, las garzas, los chacales y los demonios. Era alegría para el ejército de monos y angustia para los demonios. Aquella maravillosa y poderosísima flecha iba a destruir al demonio que aterrorizaba a los mundos y a destruir a los enemigos de Ikshvaku [Râma].

Tras consagrarla mediante fórmulas mágicas, el valeroso Râma, el de la gran energía, le colocó en su arco como indicaban los *Veda*. Cuando Râma hubo ajustado aquel excelente proyectil, todos los seres quedaron espantados y la tierra tembló. Furioso, tendió fuertemente su arco, y desplegando todo su vigor, lanzó contra Râvana aquella flecha, destructora de la vida. Aquel proyectil, irresistible como el rayo e inevitable como el Destino, penetró en el pecho de Râvana. Atravesó el corazón del demonio de alma perversa. El arma, tras arrancarle el aliento a Râvana, se hundió en el suelo, cubierta de sangre.

Tras haber muerto a Râvana y habiendo cumplido su cometido, aquella flecha, teñida en repugnante sangre, volvió por sí sola al carcaj de su Señor. Râvana estaba herido de muerte y el arco y las flechas cayeron de su mano mientras expiraba. Privado de vida, sin hálito vital, el Indra de los demonios, el de gran valentía y renombre, cayó de su carro a tierra, como Vritra cuando fue alcanzado por el rayo.

Los espectros, al ver tendido por el suelo a su caudillo, huyeron en todas direcciones, llenos de terror. Los monos, al ver cercana la victoria, se lanzaron sobre ellos desde todas direcciones, armados con ramas de árbol. Los demonios, espantados y hostigados por sus enemigos, se refugiaron en Lankâ, tras haber perdido a su caudillo. Estaban aterrados y deshacíanse en lágrimas.

Entonces comenzaron los gritos de alegría y los cantos de triunfo en el bando de los monos, que proclamaban la victoria de Râma y la derrota de Râvana. En el cielo resonó el melodioso tambor de los treinta dioses. Sopló una auspiciosa brisa, cargada de divinos olores; una lluvia de flores cayó de los aires sobre la tierra, rociando el carro de Râma, como un diluvio maravilloso y encantador. En el firmamento sonaron vítores a Râma. Eran las voces sublimes de los magnánimos dioses. Una gran alegría inundó los corazones de todos por la muerte de Râvana, el monstruo que había causado el espanto de todos los mundos.

MANU

Mânavadharma Shâstra

Manu es un personaje mítico de gran importancia, que representa al hombre primigenio y al que se asocia con otro del mismo nombre al que la tradición considera principal guía y legislador indio y autor del **Mânavadharma Shâstra** *("Tratado del deber de la humanidad"), conocido también como* **Manu Smriti** *("Código de Manu"). Éste es uno de los principales* **Dharma Shâstra** *o tratados indios de ley religiosa y deberes sociales.*

El **Mânavadharma Shâstra** *se redactó entre el 200 a. de C. y el 200 d. de C. Es una recopilación de preceptos y prácticas correspondientes a diversas escuelas anteriores. Está dividido en doce capítulos con un total de 2.694 estrofas. Esta obra es la más importante y significativa que se conserva sobre usos y costumbres de la India antigua.*

Los principales asuntos tratados en los cinco primeros libros son solemnidades y ritos relacionados con los dos primeros períodos (preparación y condiciones del cabeza de familia), en los cuales suele dividirse la vida; alimentos permitidos y prohibidos; impureza y purificación y normas concernientes a la mujer. El sexto libro trata de los dos últimos estadios (el de eremita y el de asceta). El séptimo está consagrado a los deberes del Rey.— En los dos libros siguientes (octavo y noveno) hallamos desarrollada la parte jurídica, penal y civil. El libro décimo se ocupa de las castas mixtas, de los deberes y tareas de las cuatro castas y de las normas jurídicas en caso de calamidad pública. El undécimo trata de las reglas concernientes a la penitencia, las ofrendas y sacrificios, dando una clasificación de los pecados. El duodécimo expone la doctrina de la recompensa de las buenas o malas acciones realizadas en la vida presente, con observaciones sobre la transmigración y la liberación.

*El **Mânavadharma Shâstra** no es solamente un tratado jurídico, sino también una obra literaria de gran valor, escrita en un estilo muy elegante, con profusión de figuras retóricas*

PENITENCIAS Y EXPIACIONES XI, 44-70

Todo aquel que no cumple los actos prescritos, que comete acciones prohibidas o que se abandona a los placeres de los sentidos, está obligado a hacer penitencias expiatorias.

Algunos sabios consideran las expiaciones como sólo valederas para faltas involuntarias; pero otros las extienden a las faltas cometidas voluntariamente según muestran las Escrituras.

Una falta involuntaria puede borrarse recitando cien fragmentos de las Escrituras; pero las faltas cometidas a propósito y motivadas por el odio o la cólera, no se expían sino con severas penitencias.

El brahmán que sufre expiando alguna falta cometida en su vida actual o en alguna precedente, como es el caso de ciertas enfermedades, no debe tener relaciones con las gentes de bien mientras no haya cumplido su penitencia.

Algunos hombres de corazón perverso padecen ciertas enfermedades o deformidades por faltas cometidas en una vida anterior.

El que roba a un brahmán padece enfermedades en las uñas; el bebedor de bebidas intoxicantes tiene los dientes negros; el que mata a un brahmán padece de consunción pulmonar; el hombre que mancilla el lecho de su maestro, queda privado de prepucio.

El que se complace en divulgar las malas acciones tiene un olor fétido en la nariz; el calumniador sufre de halitosis; al que roba alimentos le falta algún miembro; el que hace mezclas impuras con los alimentos tiene miembros de más.

El que roba grano padece de dispepsia; el que lee los libros que le están prohibidos queda mudo; quien roba ropas padece la lepra blanca; el ladrón de caballos queda cojo.

De este modo, según sus diferentes acciones del pasado, nacen hombres despreciados por las gentes de bien, idiotas, mudos, ciegos, sordos y deformes.

Por tanto es preciso siempre hacer penitencia para purificarse, pues los que no hayan expiado sus pecados renacerán con esas taras vergonzosas.

Los pecados más graves son matar a un brahmán, tomar bebidas intoxicantes, robar, cometer adulterio con la mujer del padre o del maestro o tener relación con gentes que hayan a su vez cometido estos pecados

El presumir falsamente de ser de elevada cuna, el engañar a un rey o acusar injustamente a un maestro espiritual son crímenes tan terribles como el de matar a un brahmán.

El ignorar las Escrituras, mostrar desdén por los *Veda*, hacer falsos testimonios, matar a un amigo, comer alimentos prohibidos o impuros son crímenes semejantes al de beber licores intoxicantes.

Robar lo que nos confiaron, a una criatura humana, un caballo, plata, tierras, diamantes o piedras preciosas es casi igual a robar oro a un brahmán.

Todo contacto carnal con hermanas, con niñas, con mujeres de baja extracción o con las esposas de un amigo o de un hijo lo consideran los sabios casi igual a mancillar el lecho paterno.

Son pecados veniales los siguientes: matar una vaca; oficiar en un sacrificio hecho por gentes viles; cometer adulterio; venderse a sí mismo; abandonar a un maestro espiritual, a una madre o a un padre; no recitar los textos sagrados o no alimentar el fuego sagrado, tal como lo prescriben los *Shâstra*; no ocuparse de los hijos;

permitir que el hermano menor se case antes que uno, cuando se es el mayor; tomar esposa antes que el hermano mayor, cuando se es el menor; dar una hija a uno de estos dos hermanos y hacer para ellos el sacrificio nupcial;

deshonrar a una joven; practicar la usura; infringir las reglas de castidad impuestas al novicio; vender un estanque consagrado, un jardín, una mujer o un niño;

no llevar a cabo el sacramento de la iniciación; abandonar a un pariente en la necesidad; admitir pago por enseñar los *Veda*; vender mercaderías que no deben ser vendidas;

trabajar en las minas; emprender grandes obras de construcción; desperdiciar plantas medicinales; vivir de la profesión vergonzosa de una mujer; hacer sacrificios para causar la muerte a un inocente; recurrir a encantos y a drogas mágicas para adueñarse de alguien;

derribar árboles todavía verdes para hacer leña con ellos; cumplir un acto religioso con miras personales; comer alimentos prohibidos;

olvidarse de alimentar el fuego sagrado; robar objetos de valor; no pagar las deudas; leer obras antirreligiosas; amar desaforadamente el baile, el canto y la música instrumental;

robar grano, metales de bajo precio y ganado; frecuentar la compañía de mujeres dadas a las bebidas intoxicantes; matar por descuido a una mujer, a un obrero, a un comerciante o a un guerrero y negar la inmortalidad del alma y las recompensas después de la muerte.

Las acciones de herir a un brahmán, oler cosas pútridas o substancias intoxicantes y unirse carnalmente con un hombre, traen la perdición a toda la casta del que las comete.

El pecado del matar a un asno, a un caballo, a un camello, a un ciervo, a un elefante, a una cabra, a un morueco, a un pez, a una serpiente o a un búfalo es algo que rebaja a toda la casta del que lo comete.

El recibir regalos de hombres despreciables, hacer comercio ilícito, servir a un amo de baja extracción y decir mentiras, son motivos suficientes para excluir al que los hace de la sociedad de las gentes de bien.

Matar a un insecto, a un gusano o a un pájaro, comer lo que ha venido en el mismo cesto que substancias intoxicantes, robar fruta, madera o flores y ser cobarde son otras faltas que también mancillan.

PATAÑJALI

Yoga Sûtra

No se tiene certeza sobre la época en la que vivió este autor, aunque se calcula que nació en el siglo II a. de C. en la región de Cachemira. Fue un gran teórico de la gramática, al que se conoció también como Gonardîya y Gonikaputra, y que hizo valiosos comentarios a la gramática de Pânini.

*Su obra principal es el **Yoga Sûtra** ("Libro de Yoga"), tratado esencial de aforismos filosóficos, el más antiguo e importante en el campo del sistema Yoga de filosofía. La obra nos habla de una aplicación práctica de las verdades contenidas en la filosofía Sânkhya, de ahí que ambos sistemas se asocien reiteradamente. El Yoga pretende enseñar al hombre a diferenciar lo espiritual de lo material, como una vía para lograr la liberación y escapar del ciclo de reencarnaciones o* samsâra *a que está sujeto.*

Esta obra no es enteramente original de Patañjali, sino que es una sistematización de doctrinas, tradiciones y técnicas anteriores. Puede que se redactara alrededor del 147 a. de C. Es una obra breve y concisa que se compone de ciento noventa y cinco aforismos, divididos y agrupados en cuatro capítulos: el primero trata de la esencia del Yoga y la naturaleza de la concentración; el segundo, de los medios que determinan suficiente consecuencia; el tercero, de los poderes sobrenaturales que derivan de ella; el cuarto, del estado de aislamiento del alma como consecuencia de la perfecta concentración. Estos temas no están desarrollados con orden metódico, lo que demuestra que el texto es el resultado de una composición de fuentes diversas.

El valor literario de la obra reside en la condensación, en la concentración de muchos significados en muy pocas palabras. Es, por tanto, un estilo quizá equivalente a nuestro conceptismo barroco, con la intención de que cada frase sea un gran cúmulo de sugerencias que haga meditar intensamente al lector. Este es el estilo de los denominados sûtra, *piezas de gran economía verbal pero plenos de sentido y fáciles de recordar como lecciones perdurables.*

Incluimos aquí la última parte, en la que se describe el estado resultante de la completa concentración

KAIVALYAPÂDAH IV, 1-34

Las facultades mentales superiores se pueden adquirir mediante la herencia genética, el empleo de algunas plantas específicas (como describen los *Veda*), el uso de *mantra* o fórmulas invocatorias mágicas, la práctica rigurosa de austeridades y mediante *samâdhi*, ese estado de la mente en el que ésta permanece en contacto con los objetos pero sin permitir que lo inútil la distraiga.

La transformación de nuestra mente de un conjunto de características a otro es un reajuste de las cualidades esenciales de la materia.

La inteligencia, sin embargo, sólo puede eliminar las dificultades que obstaculizan ciertos cambios. Se asemeja a un campesino que, mediante una zanja, dirige el agua de un embalse.

Una persona con una capacidad mental superior puede influir en la mente de los otros.

Dicha influencia depende también del estado mental de la otra persona.

La influencia mental del que se halla en estado de *dhyâna* o concentración nunca puede aumentar la ansiedad de aquel a quien influye, más bien reducirá su angustia.

Estas personas actúan sin propósitos ulteriores, mientras que otras igualmente dotadas lo hacen con un fin egoísta.

La mente no puede eludir su tendencia a actuar, pese a los obstáculos, que seguirán reapareciendo en el futuro.

La memoria y las impresiones se hallan fuertemente unidas y esta unión perdura pese a que entre dos acciones semejantes haya diferencias de tiempo, de espacio o de contexto.

Las impresiones no pertenecen a un momento concreto. Ha habido deseos de inmortalidad en todos los tiempos.

El entendimiento defectuoso, los estímulos del exterior, el apego a los frutos de la acción y la actividad extrema e inútil de la mente fomentan estas tendencias. Pero se reducen cuando se reducen esos defectos.

Todo lo que aparece y desaparece pertenece a una substancia que es eterna. El que esto sea o no evidente depende del grado en que se encuentre el proceso de transformación.

Las características particulares de las cosas se manifiestan o no dependiendo de las transformaciones de las cualidades.

Las características de una substancia en un momento concreto muestran sólo un aspecto del cambio.

Las características de un objeto aparecen de distinta forma, según el estado mental del que las percibe.

Si el objeto fuese sólo el concepto mental que se tiene de él, entonces no existiría mientras no se le concibiese.

Los objetos de perciben o no, dependiendo tanto de su presencia como del interés del que percibe.

Las actividades mentales pueden resumirse en la noción de "el percibidor", que es inmutable y domina toda nuestra mente.

Pero la mente es también parte de lo percibido y no tiene, por sí, la capacidad de percibir.

Es ilógico creer que la mente pueda desdoblarse. No puede concebir algo y, simultáneamente, contemplar lo que concibe.

Si el hombre poseyera varias mentes que llevasen a cabo simultáneamente diversas funciones, éstas estarían en desorden y no podrían mantener la coherencia entre sí.

Cuando la mente no contempla los objetos externos, entonces asume el papel de percibidor.

La mente cumple dos funciones: le presenta a su percibidor el mundo externo y se presenta dicho percibidor a sí misma para aprender de él.

Aunque la mente recoge informaciones diversas o contradictorias, finalmente está siempre a merced del juicio del percibidor, sin el cual no puede actuar.

Sólo las mentes de extraordinaria claridad carecen del deseo de conocer la naturaleza del percibidor.

Y esta claridad les dirige hacia un único fin: alcanzar un estado de libertad y permanecer en él.

Si se desvían de ese objetivo, reaparecen las impresiones perturbadoras del pasado.

No se debe transigir con los errores mentales, porque son muy perjudiciales e inducen a la regresión mental.

En todo momento y en todo asunto puede llegarse a un estado mental de claridad total.

Este estado es aquel en el que la mente se ha librado de las acciones creadas por todos los obstáculos.

Cuando una mente despeja las nubes que le impedían percibir la realidad, entonces se conoce todo y nada se ignora.

Las tres cualidades dejan de estar sujetas a la cadena de sufrimiento y placer.

Se substituye una característica por la que le sigue y se vive cada momento siendo consciente del incesante cambio que es la base de la existencia.

Cuando se ha conseguido el objetivo supremo de la existencia ya nada perturba a la mente, que se halla realmente libre y el percibidor es plenamente consciente de su propio estado.

VYÂSA

Mahâbhârata

El **Mahâbhârata**, *poema épico de la "Gran India" y que podría llamarse también "Los grandes descendientes de Bharata", es una de las obras más importantes y definitivamente la más extensa de la literatura universal. Su título original fue* Aja, *que significa "victoria". Consta de ciento veinte mil estrofas, debió redactarse entre el siglo IV a. de C. y el IV d. de C., en que se hicieron las últimas correcciones e interpolaciones. Sin embargo, hay pasajes de la obra que parecen remontarse desde el 7016 a. de C. hasta el 2604 a. de C., si hemos de fijarnos en la descripción astronómica del cielo que se hace en sendos pasajes de la gran guerra. En teoría su argumento está ambientado alrededor del año 3102 a. de C., que es la tradicional fecha hindú para la batalla de Kurukshetra. Pertenece al género denominado* kâvya, *es decir, obra de arte poética.*

Su autoría se atribuye a Krishna Dvaipâyana Vyâsa, denominado Vyâsadeva, recopilador de los Veda, *aunque es evidentemente fruto de una labor de diversos autores que trabajaron durante siglos, en los que se acumuló el saber sacro y profano. Según la tradición el mismo Ganesha, dios de la inteligencia, fue quien la escribió, al dictado de Vyâsa, al que impuso la condición de que debía contar toda la historia sin detenerse. El mismo Vyâsa aparece en el relato y es padre de algunos de los personajes más importantes. La epopeya está escrita en dísticos y dividida en dieciocho partes.*

Su argumento trata de las batallas entre dos ramas de la misma familia (los cinco príncipes Pândava y los cien Kaurava) por la posesión de un reino en la India del norte. Ambos eran descendientes de los Bhârata, una familia que es la que da nombre al país. El motivo de la lucha que da lugar al poema surge a raíz de la muerte del rey de la ciudad de Hastinâpura, Vichitravîrya, que dejó dos hijos: Dhritarâshtra y Pându. El primero es el mayor y, por tanto, el sucesor legítimo, pero como es ciego de nacimiento el trono lo ocupa el segundo. La relación entre los dos hermanos es buena hasta que los cien hijos de Dhritarâshtra, llamados Kaurava, persuaden a su padre para la recuperación del trono y comienza una intriga para destronar a Pându, quien había tenido solamente cinco hijos: Yudhishthira, Bhîma, Arjuna, Sahadeva y Nakula. Los Kaurava encuentran la ocasión propicia un día en que los cinco príncipes Pândava, que habían salido de cacería, se refugian en una cabaña preparada al efecto por el hijo mayor de Dhritarâshtra, llamado Duryodhana. Este y sus hermanos prenden fuego a la cabaña y corren a la ciudad a hacerse cargo del trono. Los hijos de Pându consiguen escapar y deciden recobrar sus posesiones por medio de las armas. Los Kaurava invitan entonces a sus primos a un juego de dados, donde éstos pierden su reino y hasta a su esposa común, Draupadí; pero el rey Dhritarâshtra, se lo devuelve. Las relaciones se hacen más tirantes, llegándose al acuerdo de que la soberanía la ostentarán alternativamente cada uno de los bandos. Durante un tiempo los Kaurava reinan y los Pândava permanecen desterrados. Pero al terminar el período de soberanía Kaurava éstos se niegan a dejar el trono y estalla la terrible guerra. Miles de guerreros mueren en la batalla de Kurukshetra, donde se decide el combate a favor de los cinco príncipes Pândava, que cuentan con la ayuda de Krishna, octava encarnación del dios Vishnu.

Alrededor de esta epopeya se fueron acumulando con el curso de los años un número enorme de otras composiciones: poesías, leyendas y toda suerte de tradiciones populares, relatos y mitos que han servido de inspiración a autores indios posteriores. Todas estas leyendas, insertadas en el tema central de la obra como meras divagaciones, nos presentan una serie de valiosísimos testimonios sobre la vida y las costumbres de la India antigua, convirtiéndose en una verdadera enciclopedia de la ciencia de su tiempo: mitología, religión, moral, filosofía historia, etc.

Incluimos aquí el inicio de la historia de Nala y Damayantî, una de las leyendas de amor interpoladas en el poema y que narra la historia de dos amantes, unidos por los elogios de cada uno de ellos que un cisne le hace al otro y separados más tarde por la pasión del juego de azar.

NALOPAKHYÂNA

Hubo un rey, de nombre Nala, hijo de Vîrasena, que era fuerte, virtuoso, de hermoso rostro y experto en caballos. Era superior a los hombres y a los dioses y su esplendor rivalizaba con el del sol. Era devoto, había estudiado los *Veda*, poseía valor y era el señor del país de los *nisadha*. Amaba el juego de dados, era sincero, noble y de buenos sentimientos. Protegía a sus súbditos y era el mejor de los arqueros.

En aquel tiempo vivía también entre los *vidarbha* Bhîma, gran héroe, dotado de todas las virtudes, pero que no tenía descendencia. Para obtenerla se concentró en su meditación, hasta que un brahmán se presentó ante él. El brahmán, de nombre Damana, obsequió a Bhîma y a su esposa con una bella hija, Damayantî, y tres nobles y gloriosos niños: Dama, Danta y Damana, dotados todos ellos de grandes virtudes. Por su belleza, su dignidad, su fortuna y su atractivo Damayantî, la de la bella cintura, llegó a alcanzar gran fama entre su pueblo. Cuando se hizo mayor, se vio rodeada de una corte de esclavas y amigas entre las que ella resplandecía. Era bellísima, como la diosa Shrî [Sarasvatî], de grandes ojos. Ni entre los dioses ni otros seres sobrenaturales podía encontrarse una hermosura tal y nunca tampoco los hombres habían conocido algo semejante. En esplendor sólo Nala podía comparársele, pues era como una encarnación del dios del amor.

En presencia de la joven sus amigas gustaban de ensalzar a Nala, y lo mismo sucedía en el palacio del rey de los *nisadha*, donde se hablaba repetidamente de Damayantî. Oyendo los dos sin cesar las virtudes del otro, surgió entre ellos el amor, aun sin conocerse, y este amor fue aumentando. Nala, no pudiendo ya resistir más, se dirigió en secreto a un bosque que se hallaba cerca del palacio y se refugió allí. Viendo unos cisnes con adornos dorados, atrapó a uno de ellos. El viajero del aire dirigió la palabra a Nala, hablándole de esta manera:

—No me mates, ¡oh, rey!, y haré algo por ti que te agradará. Iré a presencia de Damayantî y le hablaré de ti; así ella no pensará nunca en otro hombre.

El señor de la tierra soltó al cisne y éste, con sus compañeros, voló hasta la ciudad de los *vidarbha*. Al llegar a la ciudad, las aves se posaron cerca de donde se hallaba Damayantî. Ella, al ver su extraordinaria belleza, se precipitó hacia las aves, que se dispersaron por todo el jardín. Las jóvenes comenzaron a perseguirlas. Entonces el cisne tras el cual corría Damayantî, con voz humana, le dijo:

—¡Oh, Damayantî! El rey de los *nisadha*, llamado Nala, es tan bello como los dioses Ashvinî; no hay nadie que se le iguale. Si tuviera lugar vuestra boda, ¡oh, mujer de bella cintura!, tu alto nacimiento y tu belleza estarían bien empleados. Nosotros hemos visto a dioses, músicos celestes, hombres, serpientes y demonios, pero nunca a nadie que se le pueda comprar. Tú eres la perla de las mujeres y Nala, el mejor de los hombres. Vuestro matrimonio sería perfecto.

Tras escuchar al cisne, Damayantî le dijo lo siguiente:

—Di eso mismo delante de Nala.

—Así lo haré —dijo el ave a la hija del rey de los *vidarbha*.

Y marchando de nuevo a su punto de origen le contó a Nala lo sucedido.

Damayantî, tras escuchar al cisne, quedó fuera de sí, concentrada en la imagen de Nala. Estaba pensativa, triste, pálida, delgada, siempre suspirando; con la mirada en lo alto, hundida en sus pensamientos, tenía aspecto de demente, con el corazón traspasado por ese amor repentino. No encontraba alivio en el sueño, la comida o los placeres. Sus amigas repararon en su desasosiego y lo contaron al rey de los *vidarbha*. Al escucharlo, Bhîma pensó que se trataba de algo muy grave. Y al darse cuenta que su hija había alcanzado la juventud, comprendió que debía preparar la ceremonia de elección de marido para Damayantî. El señor de las gentes convocó a los guerreros de su reino:

—Acudid, héroes, a esta elección de marido.

Todos los reyes, al saber que Damayantî iba a elegir esposo, se presentaron ante Bhîma, llenando el reino con el ruido de los elefantes, los caballos y los carros, acompañados por sus tropas, llenas de guirnaldas ataviadas con adornos de bellos colores. Bhîma, el de los poderosos brazos, honró a aquellos reyes como correspondía a su dignidad, hospedándoles en el palacio y colmándoles de honores.

En aquellos días, dos excelsos sabios, Nârada y Parvata, de gran sabiduría y devoción, se dirigían de la tierra al cielo de Indra. Penetraron en el palacio del rey de los dioses quien, después de recibirles con honor, les preguntó por su estado y su salud.

Nârada dijo:

—Nuestra salud, ¡oh, dios!, todo lo penetra; y en el mundo todos los reyes gozan de salud.

Al oír las palabras de Nârada, el vencedor de Bala y de Vritta [Indra] preguntó por los defensores de la tierra, los que conocen su deber, luchan sin temer por su vida y mueren en el campo de batalla:

—¿Dónde están esos valientes guerreros? No les veo acudir a la ceremonia.

Nârada, interpelado así por Indra, respondió:

—Escucha por qué no encuentras a los gobernantes de la tierra. La hija del rey de los *vidarbha*, Damayantî, es superior en belleza a todas las mujeres. Pronto tendrá lugar su elección de esposo y allí se encaminan todos los reyes y los príncipes. Todos los gobernantes de la tierra desean a esta perla del mundo sobre todas las cosas.

En ese momento llegaron junto al rey de los dioses los protectores del mundo, incluido Agni, el dios del fuego. Todos oyeron las palabras de Nârada y dijeron:

—Vayamos nosotros también.

Entonces todos ellos, ¡oh, gran rey!, se dirigieron al país de los *vidarbha*, con sus escoltas y sus carros. Y el rey Nala, al enterarse de la asamblea de los reyes, se puso en marcha, lleno de esperanza, para conquistar a Damayantî.

De camino, los dioses vieron a Nala, que parecía Manmattha [el dios del amor], por su espléndida belleza. Los guardianes del mundo se detuvieron al verle sin saber qué pensar, deslumbrados por su espléndida belleza. Deteniendo en el espacio sus carros divinos, los moradores del cielo le dijeron:

—¡Oh, *nisadha*, Indra de los reyes! Sé nuestro mensajero, tú, el mejor de los hombres.

Nala se lo prometió y a continuación les preguntó, juntando ante ellos las palmas de las manos:

—¿Quiénes sois? ¿A quién queréis enviarme como mensajero? ¿Qué es lo que debo hacer por vosotros? Explicádmelo todo.

—Somos inmortales –le respondió el dios–. Y venimos por Damayantî. Yo soy Indra; éste es Agni; este otro, el dios de las aguas; y éste, ¡oh, rey!, es Yama, el destructor de los cuerpos. Haz saber a Damayantî que hemos venido. Dile que los guardianes del mundo, con Indra a la cabeza, se aproximan, deseosos de verla. Indra, Agni, Varuna y Yama la desean. Que elija uno de entre ellos como esposo.

Cuando Indra hubo acabado, Nala dijo:

—No debéis enviarme a mí, pues he venido aquí con la misma finalidad que vosotros. ¿Cómo un hombre enamorado puede hablar a una mujer de parte de otro?

Los dioses dijeron:

—Dijiste que lo harías, que cumplirías nuestro ruego. ¿Por qué ahora te niegas a hacerlo? Ve al instante.

El rey de los *nisadha* habló de nuevo:

—El palacio está bien guardado. ¿Cómo podré entrar?

—Entrarás –volvió a responderle Indra.

Y así llegó Nala al palacio de Damayantî. Allí contempló a la princesa de los *vidarbha*, rodeada de su cortejo de amigas, resplandeciente de belleza y majestad, con sus miembros delicados, su delgada cintura y sus bellos ojos, que se asemejaban el brillante resplandor de la luna. Al contemplar a la mujer de suave sonrisa creció su amor; pero, deseoso de cumplir su promesa, Nala se contuvo. Ellas, las mujeres de miembros perfectos, se turbaron al contemplar al rey de los *nisadha* y se levantaron de sus asientos, impresionadas por la belleza de Nala. No hablaban con él pero en sus corazones le ensalzaban: "¡Qué belleza, qué encanto, qué dios o ser celestial es éste?" Y no podían responderse, subyugadas por su belleza.

Entonces Damayantî, con una sonrisa, admirada, se dirigió a Nala, el héroe:

—¿Quién eres, ser de miembros perfectos, origen de mi amor? Has llegado hasta aquí como un inmortal y yo deseo conocerte. ¿Cómo has llegado hasta aquí y cómo no te ha visto nadie? Mi palacio está bien guardado y los reyes tienen castigos terribles para los intrusos.

Nala, al oír hablar así a Damayantî, respondió:

—Sabe que soy Nala, ¡oh, hermosa!, y he venido aquí como mensajero de los dioses, que desean desposarte. Indra, Agni, Varuna, Yama: elige como esposo un dios de entre éstos. Por su poder he entrado sin ser visto y nadie me vio ni me puso obstáculos. Para decirte esto fui enviado por los más excelsos dioses. Toma ahora una decisión, ¡oh, hermosa mujer!

Ella hizo acto de adoración a los dioses y, sonriendo, dijo a Nala:

—Cásate conmigo, ¡oh, rey!, si es lo que deseas. ¿Quieres saber qué siento por ti? Pues mi persona y mis riquezas, todo es tuyo. Haz que tenga lugar la boda. La voz de los cisnes me abrasa, ¡oh, rey! Por tu causa he reunido aquí a los héroes y reyes. Y si tú me rehusas cuando yo te elija, no me quedará más camino que el veneno, el fuego, el agua o la soga.

Tras escuchar a la princesa de los *vidarbha*, Nala respondió:

—¿Cómo puedes desear a un hombre antes que a los guardianes del mundo? Yo no soy comparable al polvo de sus pies. Pon en ellos tu pensamiento. Los dioses dan la muerte a los mortales desagradecidos. ¡Oh, tú, la de miembros perfectos!, elige a uno de los dioses. Disfruta de bellos vestidos, de guirnaldas multicolores, de selectas joyas. ¿Qué mujer no desearía por marido al que destruye y vuelve a crear el universo, al objeto de las ofrendas, al señor de los dioses? ¿Qué mujer no desearía por marido al que hace que las criaturas observen sus deberes? ¿Qué mujer no desearía por marido al justiciero, al magnánimo, al vencedor de los demonios? Si consideras a Varuna como uno de los guardianes del mundo, dale tu mano de esposa: éste es mi consejo.

Damayantî, al oír hablar así al *nisadha*, dijo, con los ojos llenos de lágrimas:

—Después de hacer acto de adoración a los dioses, te elijo a ti como esposo. Ésta es mi palabra final.

Entonces el rey le habló así, mientras ella temblaba:

—¡Oh, hermosa! He venido como mensajero y no puedo hablar por cuenta propia. No puedo hacerlo, tras haber escuchado a los dioses. Si consigo mi deseo, habré obrado en mi provecho e incumplido mi deber. Medita sobre lo que te digo.

Entonces Damayantî, la de la clara sonrisa, con llorosa voz, le dijo al rey Nala:

—Tengo el medio, ¡oh, señor de los hombres!, de que no cometas ninguna falta. Tú y los dioses, con Indra a la cabeza, marchad al lugar donde tendrá lugar mi elección. Entonces yo, delante de los dioses, te elegiré a ti y así no habrás cometido ningún pecado.

Al escuchar estas palabras, Nala volvió al lugar donde estaban reunidos los dioses. Los guardianes del mundo le vieron venir y le preguntaron lo que había sucedido:

—¿Qué te ha parecido Damayantî, la de bella sonrisa? ¿Qué dijo de nosotros? ¡Habla, señor de la tierra!

Nala respondioó:

—Enviado por vosotros penetré en el patio del palacio de Damayantî, que estaba guardado por muchos soldados. Por vuestro poder, nadie me vio entrar, salvo la princesa. Vi a sus amigas y ellas me vieron y quedaron sorprendidas, ¡oh, dioses sabios! Pero mientras yo cantaba vuestras virtudes, la del rostro resplandeciente, con el juicio perdido, me eligió a mí. Me dijo que me acompañarais al lugar de la ceremonia y que allí me elegiría en vuestra presencia para que yo no cometiera pecado alguno. Os he contado exactamente lo que sucedió. Decidid ahora vosotros, ¡oh, sabios dioses!

Cuando se presentó una ocasión propicia, en un día y una hora auspiciosa, el rey Bhîma llamó a los guardianes de la tierra para la elección de marido. Los dioses, atormentados por el amor, llegaron apresuradamente, deseosos de obtener la mano de Damayantî. Penetraron en la gran sala de columnas doradas, con una puerta adornada por grandes leones. Allí se sentaron los participantes, que llevaban guirnaldas y collares de piedras preciosas. Tenían los príncipes robustos brazos y eran bellos y delicados, como serpientes de cinco cabezas. Los rostros de los reyes resplandecían y tenían hermosos cabellos y elegantes rasgos que brillaban como las estrellas en el cielo. Damayantî, la del rostro resplandeciente, penetró en aquella asamblea de reyes, llena de hombres valerosos como los tigres del monte. Y al entrar en la sala robó con su belleza los corazones de los reyes. Quedó quieta mientras los dioses la contemplaban. Entonces, mientras anunciaban los nombres de los reyes, la hija de Bhîma vio a cinco hombres semejantes. Al contemplarlos no reconoció al rey Nala. Aquel al que miraba, ése le parecía el rey Nala. Y se decía: "¿Cómo podré reconocer a los dioses y al rey Nala? No veo los signos que caracterizan a los dioses." Entonces decidió pedir ayuda a los dioses y, juntando las manos, les habló así:

—La voz de los cisnes me hizo elegir al rey de los *nisadha*; que los dioses me lo concedan por esposo. Que los guardianes del mundo recobren su verdadera forma para que yo pueda reconocer al rey de hombres.

Al escuchar los lamentos de Damayantî, al ver su decisión y su amor y fidelidad hacia Nala, los dioses le concedieron su deseo. Ella les vio tal como eran, con sus floridas guirnaldas y relucientes, flotando en el aire. Allí estaba también el rey de los *nisadha*, con sombra, con las guirnaldas mustias, lleno de polvo y sudor y tocando el suelo. La hija de Bhîma, al ver a los dioses y al rey, eligió a éste según el rito. Con rubor, la de los grandes ojos tomó la punta de su vestido y colocó sobre el hombro del rey una guirnalda de extraordinaria belleza. Así, la mejor de las mujeres eligió a su esposo.

Entonces los reyes de los hombres lanzaron una exclamación y los sabios alabaron a Nala. Y el hijo de Vîrasena dio ánimos a Damayantî:

—¡Oh, hermosa! El hombre que eliges en presencia de los dioses, ése será tu esposo. Y mientras haya vida en mi cuerpo seré tuyo. Es verdad esto que te digo.

Y después de que hubo alegrado a Damayantî con sus palabras, ambos pidieron la protección de los dioses.

Bhagavad Gîtâ

La **Bhagavad Gîtâ** *("La canción del Señor") es una de las obras literarias más importantes de la India, por su contenido filosófico y su inmensa difusión. Comprende la suprema filosofía vedántica revelada al príncipe Arjuna por el dios Krishna en el campo de batalla de Kurukshetra. Es un poema místico-filosófico, en dísticos, redactado en forma de diálogo, inserto en el sexto libro del* **Mahâbhârata**, *probablemente la última interpolación. Se desconoce la fecha exacta de su elaboración, aunque no es posterior al siglo II d. de C. Está escrito en un sánscrito fácil y elegante a la vez. Consta de dieciocho capítulos y 750 versos. Es el libro devocional más venerado y leído entre los hindúes, considerado el mejor consuelo de los dolores de la vida y la mejor preparación para la muerte.*

Su línea argumental es la siguiente: Arjuna, el héroe de los príncipes del linaje de los Pândava, ante la inminencia de la gran batalla contra sus primos los Kaurava, se siente angustiado por esa lucha fratricida y prefiere deponer las armas antes de verse en la necesidad de matar a amigos y parientes. Krishna, la octava encarnación del dios Vishnu y auriga de Arjuna, trata de eliminar del ánimo de éste toda duda, recordándole que su deber como guerrero es combatir. Por otra parte sólo a los cuerpos se les puede matar, porque el espíritu es invulnerable y eterno y, a través de sucesivas encarnaciones, se dirige hacia la fusión con el Absoluto. Le indica que hay que cumplir el deber sin temor, pues el sabio debe ser indiferente a los sucesos del mundo exterior. Tras esto, Krishna se le revela a Arjuna como el Ser Supremo y le indica el camino hacia la liberación del ciclo de las existencias o samsâra.

Es un libro de edificación religiosa, empleado para la oración e igualmente apreciado por los creyentes de todas las distintas sectas, ya que la doctrina que incluye puede explicarse a la luz de cualquiera de los seis sistemas tradicionales de filosofía hindú, de los que el libro participa. Ha sido objeto de estudio y de revisión por los filósofos indios desde Shankara y tiene una influencia continuada en la tradición bhakti *o devocional del siglo XVI, en la India actual e incluso en las teorías socio-políticas de Aurobindo, Gandhi, Tilak y otros. Por su profundidad filosófica se le considera del nivel de los textos denominados* **Upanishad** *y se le conoce también como* **Gîtopanishad***.*

En el fragmento que se ofrece Sañjaya, el secretario del rey Dhritarâshtra, le va describiendo a éste, mediante sus poderes de visión a distancia, lo que sucede en el campo de batalla. Arjuna se siente incapaz de emplear la violencia contra los suyos y Krishna comienza a impartirle su doctrina sobre el deber.

KHANDA II, 1-28

Sañjaya contó lo siguiente:

Vencido por la compasión y la tristeza, con los ojos colmados de lágrimas, Krishna le dijo a Arjuna estas palabras.

El Señor dijo:

¿Cómo es posible que en este momento de peligro se haya apoderado de ti el desaliento, que es indigno de un noble y que no te conducirá ni al cielo ni a la gloria?

No cedas a la cobardía, ¡oh, hijo de Prithâ!, pues no es propio de ti. Abandona todo temor y levántate, ¡oh, castigador del enemigo!

Arjuna dijo:

¡Oh, vencedor de Madhu! ¿Cómo podré yo atacar con mis flechas a Drona y Bhîshma, quienes son dignos de reverencia?

Sería preferible vivir de limosnas antes que matar a estos venerables maestros. Si les matara, lo que consiguiera estaría manchado de sangre.

Y no sé qué sería mejor para nosotros, si vencerles o ser vencidos por ellos, porque son los propios hijos de Dhritarâshtra y, después de haberles matado, yo no tendría deseos de continuar viviendo.

Me hallo paralizado por el desconcierto y mi mente no puede discernir cuál es su deber. Por ello te pregunto a ti, pues soy tu discípulo. Indícame qué debo hacer.

No puedo disipar la angustia que se ha apoderado de mis sentidos. No podría hacerlo aunque obtuviera el poder absoluto sobre los hombres, como si fuera un ser divino.

Sañjaya dijo:

Así le habló Arjuna a Krishna. Y, tras afirmar "¡No lucharé!", guardó silencio.

El dios de los sabios, sonriendo, dirigió estas palabras a Arjuna, que estaba dominado por la angustia:

El Señor dijo:

Te afliges por quienes no deberías afligirte y tus palabras carecen de sentido. El que es sabio no se entristece ni por los vivos ni por los muertos.

Porque yo nunca he dejado de existir; y ni tú, ni estos reyes, ni ninguno de nosotros dejará de existir en el futuro.

Así como el alma pasa por la infancia, la juventud y la vejez en el cuerpo, así, cuando llega la muerte, pasa a otro cuerpo. El hombre sabio no se engaña por ello.

¡Oh, hijo de Kuntí! La felicidad y la aflicción son como el frío y el calor, que cambian con las estaciones. ¡Oh, descendiente de Bharata!

¡Oh, tú, el más noble de los hombres! El sabio al que no afectan ni el placer ni el dolor es quien alcanzará la inmortalidad.

Lo que no es no puede llegar a ser, y lo que es no puede dejar de ser. Esto es lo que han descubierto los que buscan la verdad.

Lo que penetra todo cuerpo es algo imperecedero. El alma imperecedera no se puede destruir.

El alma es indestructible y sólo el cuerpo puede perecer. Lucha, por tanto, oh, descendiente de Bharata!

Es ignorante el que piensa que puede matar y el que cree que puede morir. El sabio sabe que el alma ni mata ni muere.

Ésta jamás ha nacido y jamás morirá; habiendo sido no podrá dejar de ser. Es eterna, inmortal y primordial. No muere cuando muere el cuerpo.

Sabiendo que el alma es imperecedera, eterna e inmutable, ¡oh. hijo de Prithâ!, ¿cómo puede un hombre matar o ser muerto?

De igual manera que un hombre se despoja de sus vestidos usados y toma otros nuevos, así el alma encarnada abandona los cuerpos desgastados y pasa a otros nuevos.

Las armas no la hieren, el fuego no la quema, las aguas no la mojan y el viento no la seca.

El alma está más allá de todo herir, quemar, mojar y secar. Es sempiterna, omnipenetrante, inmutable, inmóvil e imperecedera.

No la percibe la mente ni los sentidos. No se puede alterar. Por ello, no debes afligirte por la suerte del cuerpo.

Y si consideras que el alma está destinada al nacimiento y a la muerte perpetuos, aun así no deberías afligirte, ¡oh, Arjuna, el de brazos poderosos!

Porque segura es la muerte para el que ha nacido, y seguro es el nacimiento para el que ha muerto. Por lo tanto, no debes lamentarte por lo que es inevitable.

Todos los seres están inmanifestados antes del nacimiento; se manifiestan en su estado intermedio, entre el nacimiento y la muerte; y dejan de hacerlo tras ella. ¿Qué motivo hay entonces para lamentarse?

Algunos consideran que el alma es maravillosa; otros hablan de ella como tal; otros han oído que es maravillosa; pero aun habiendo oído, ninguno la conoce verdaderamente.

Esta alma encarnada en el cuerpo de cada ser está siempre más allá de todo daño. Por lo tanto, no debes afligirte por ninguna criatura.

Además, considerando tu propio deber de *kshatriya*, no debes apartarte de él, pues no hay mayor bien para un guerrero que una guerra justa.

Tal batalla, sin buscarla, es como una puerta abierta hacia el cielo, que se presenta solamente a los afortunados, ¡oh, hijo de Prithâ!

Y si tú no luchas en esta noble batalla habrás traicionado tu deber y tu honor e incurrirás en pecado.

El mundo recordará siempre la historia de tu deshonra; y para un hombre de honor la deshonra es peor que la muerte.

Los generales pensarán que el miedo te hizo retirarte de la batalla, y perderás la estimación de todos los que te honraban.

Tus enemigos ridiculizarán tus proezas y dirán de ti cosas indignas. ¿Puede haber algo más penoso que esto?

Si mueres en la batalla, irás al cielo; si sales victorioso, poseerás los reinos en disputa. ¡Levántate, hijo de Kuntî, y lucha con determinación!

Lucha por ser tu deber, sin considerar el placer ni el dolor, la victoria ni la derrota. Procediendo así, no cometerás pecado.

VISHNU SHARMAN

Pañchatantra

La colección sánscrita de cuentos titulada **Pañchatantra** *("Los cinco libros") es quizá la obra narrativa hindú más conocida en Occidente, donde se hicieron ya desde la Edad Media numerosas versiones en diversas lenguas. También existen diversas versiones en Asia sudoriental. Su autor fue* **Vishnu Sharman***, del que casi nada se sabe, salvo que quizá fue preceptor de los hijos del rey Amarashakti, en la región del Deccan. La redacción de estos cuentos doctrinarios se remonta aproximadamente a un periodo comprendido entre los siglos II y VI.*

Los cuentos que se incluyen en los cinco libros que integran el **Pañchatantra** *son setenta y se encuentran uno dentro de otro, según el típico sistema indio, que ayuda a mantener el interés del relato. Son principalmente fábulas de animales, con un propósito moralizante, y las bestias simbolizan las diferentes clases de hombres. Hay abundancia de estrofas intercaladas en su prosa, muy sencilla y concisa. El libro recoge también narraciones de fuentes en las que el relato es mero entretenimiento. Muchos de sus cuentos se hallan también en otras colecciones diferentes.*

Se le considera modelo del género narrativo didáctico. Trata de los cinco temas principales de la política cortesana y el objetivo que perseguía primordialmente era enseñar la ciencia política a los jóvenes príncipes, aunque su contenido tiene una influencia más amplia y puede considerarse un tratado para triunfar en sociedad, pues trata también de temas legales, de sentido común y de ética. Es un libro donde se hace la apología del intelecto y donde el único vicio o defecto del hombre es la necedad.

MITRABHEDA
(Selección)

Una vez un chacal llamado Gomayu, que estaba muy hambriento, vagabundeaba por la selva. Así deambulando llegó a un campo donde había tenido lugar una batalla. Dos ejércitos habían peleado, pero ahora el lugar ya estaba tranquilo. Sin embargo, había un gran tambor en el suelo. Sobre su parche las ramas de algunos arbustos, mecidas por el viento, daban golpes rítmicamente produciendo un gran estruendo.

Al escuchar este ruido Gomayu se asustó mucho. Pensó:

"Antes de que me vea el monstruoso animal que hace este ruido, debo escapar de aquí."

Pero decidió que no está bien asustarse de las cosas desconocidas y decidió investigar qué era aquello que le atemorizaba. Se acercó despacio al lugar de donde provenía el ruido. Entonces vio el tambor. Se acercó a él y lo golpeó con la pata produciendo aún más ruido.

El chacal se dijo:

"Este animal es muy tonto. Su cuerpo es muy grande y tendrá mucha carne. Si me lo como no tendré hambre durante bastantes días porque tiene mucha grasa y sangre."

Entonces le hincó el diente al parche del tambor, pero éste era de una piel muy dura y el chacal sólo consiguió romperse dos dientes. Con gran dificultad logró hacer un pequeño agujero en la piel. Poco a poco lo fue agrandando y al fin consiguió introducirse por él. Pero vio con sorpresa que dentro de aquel monstruoso animal que tanto le había asustado no había absolutamente nada.

*

En la selva había un estanque en el que vivían muchos peces y una garza iba allí frecuentemente para alimentarse de ellos. Pero cuando el ave se hizo vieja se le hizo más difícil pescar, por lo que permanecía siempre hambrienta y lamentándose de su vejez.

Un día, llegó allí un cangrejo que, al ver la tristeza de la garza, le dijo:

—Veo que no eres tan feliz como antes y que estás muy delgada. ¿Qué te sucede?

La garza le respondió:

—¡Oh, amigo! Lo que sucede es lo siguiente: Yo he nacido y me he criado cerca de este estanque y aquí he pasado toda mi vida. Le tengo mucho cariño a él y a sus habitantes. Pero he oído que va a haber una gran sequía y no va a llover en doce años.

—¿A quién se lo has oído? –preguntó el cangrejo.

—A un astrólogo –respondió la garza–. Este sábado, cuando la estrella de Rohini oculte a la Vía Láctea, se iniciará una sequía que durará doce años. El pecado se extenderá por el mundo. Los padres se comerán a los hijos. En este estanque ya hay poca agua y muy pronto se secará del todo. Cuando esto suceda todos los compañeros de mi infancia, entre los cuales me he criado, morirán. Lloro imaginando cuál va a ser su triste fin y por eso estoy haciendo ayuno. Los peces de otros estanques pequeños los abandonan y se dirigen a los grandes ríos. Desgraciadamente los peces de este estanque ignoran esto y creen que no va a suceder nada. No saben que van a ser destruidos.

El cangrejo les contó a los peces del estanque todo lo que le había dicho la garza. Entonces todos los animales acuáticos rodearon al ave y le pidieron que les ayudara.

—No muy lejos de aquí existe un lugar con mucha agua —les dijo la garza—. Es tan grande que, aunque la sequía dure veinticuatro años, no se secará. Si sois capaces de manteneros en equilibrio sobre mi lomo, os puedo llevar volando allí.

Al escuchar esto los peces, las tortugas y los otros animales del estanque rodearon a la garza gritando:

—¡Yo primero! ¡Llévame a mí primero!

La malvada los fue llevando a todos de uno en uno sobre su espalda a un lugar no muy lejano. Los mataba dejándolos caer sobre una roca. Después se los comía y volvía a por más.

Unos días después le dijo el cangrejo:

—Amiga garza, te has llevado a todos pero todavía no me has llevado a mí. Los peces estarán ya en el nuevo estanque; condúceme hasta ellos.

Tras escuchar al cangrejo, la garza pensó:

"Ya me he cansado de comer pescado. La carne de cangrejo puede ser una rica variante. Hoy la probaré."

Entonces colocó al cangrejo sobre su cuello e inició el vuelo.

Al cabo de poco rato el cangrejo divisó una roca sobre la que estaban los restos de los peces y comprendió que todo había sido una añagaza de la garza para devorarlos. Sin embargo, fingió no haberse dado cuenta de nada y dijo:

—¡Oh, amiga! ¿Está muy lejos todavía el estanque? Te lo pregunto porque debes de estar cansada de mi peso.

Entonces la garza pensó que ya no importaba que el cangrejo supiera la verdad y le dijo:

—Olvídate del estanque, porque ha llegado el momento de tu muerte. Reza tus oraciones porque te voy a estrellar contra aquella roca para devorarte después.

Mientras la garza le decía esto, el cangrejo apretó sus pinzas sobre el suave cuello del ave, por lo que ésta murió allí mismo

*

Una vez vivía en la selva un chacal llamado Chandarava. Tenía tanta hambre que decidió entrar en la ciudad para conseguir comida.

Nada más hacerlo le rodeó una jauría de perros que le ladraron y mordieron. Para escapar de ellos el chacal comenzó a correr y penetró por la primera puerta que vio abierta. Era la casa de un tintorero, que había preparado un barreño de tinte azul para su trabajo. El chacal tropezó y cayó dentro del barreño. Cuando salió, su cuerpo estaba totalmente azul.

Escapó de allí y marchó a la selva donde todos los animales quedaron sorprendidos al verle porque nunca habían oído hablar de un chacal azul. Considerándole un ser sobrenatural el tigre, la pantera y hasta el leopardo huyeron de él atemorizados.

Cuando Chandarava vio su miedo, se dirigió a ellos de esta manera:

—¡Oh, animales! ¿Por qué me teméis? He venido aquí para protegeros. Brahmâ, el dios de los tres mundos, me llamó a su lado y me confío vuestra protección. Viviréis felices bajo mi gobierno. Mi nombre es Kakuddruma.

Tras oírle, todos los animales decidieron reconocerle como rey, y le dijeron:

—¡Oh, señor! Somos tus fieles esclavos y obedeceremos todos tus mandatos.

Ya convertido en rey, Chandarava nombró primer ministro al león, alcalde al tigre y general al lobo. A los otros chacales les desterró de la selva, para que no le reconocieran.

Comenzaron entonces malos tiempos, porque durante el reinado del chachal los animales grandes mataban a los pequeños y se los ofrecían a su rey, quien les daba las sobras.

Durante un tiempo nada cambió. Pero un día, mientras el chacal dormía, se oyeron a lo lejos los aullidos de los chacales desterrados y, sin poder evitarlo, Chandarava también comenzó a aullar en su sueño.

Cuando los otros animales lo escucharon se dieron cuenta de que el chacal azul no era de naturaleza divina sino un animal corriente y decidieron matarle. El chacal despertó y, oyendo el final de la conversación, intentó huir. Pero los animales fueron más rápidos y, saltando sobre él, lo despedazaron.

Por eso se dice que no se debe renegar de la propia naturaleza.

BHARTRIHARI

Shatakatrayama

Bhartrihari fue un autor lírico del siglo V y también teórico de la gramática. Se destacó por sus epigramas, que tocaban multitud de temas. Es autor de los poemas líricos en centurias titulados **Shringârashataka***, ("Las cien estrofas del amor"),* **Nîtishataka***, ("Las cien estrofas de la ley"), y* **Vairâgyashataka***, ("Las cien estrofas de la renunciación"), que se recopilan juntos bajo el nombre genérico de* **Shatakatrayama***, ("Las trescientas estrofas"). Algunos críticos le niegan la total autoría de estas obras y le consideran únicamente un compilador, aunque las tres obras tienen una unidad de estilo que parece desmentir esta teoría.*

En la primera centuria se describen los goces del amor y la atracción de las mujeres, pero se define a éstos como engañosos y se postula que el amor es algo vacío y carente de sentido, describiéndose las penas que produce al que lo siente. En la segunda centuria se intenta inculcar el saber mundano, que concierne al cumplimiento de los deberes del hombre; se alaba la virtud y se condenan los vicios y la ignorancia. En la tercera centuria se exalta el fin supremo al que el hombre debe tender y que es el dedicarse a la meditación en las eternas verdades, desligándose de todo apego material.

Son composiciones muy bellas por su contenido, de lengua muy sencilla pero de gran profundidad poética. Ofrecemos epigramas tomados de estas tres composiciones, para dar una idea general de su temática y estilo.

SHATAKATRAYAMA
(Selección)

No hay planta en este mundo tan dulce
ni tan amarga como ella.
Los frutos de su árbol son ambrosía
cuando está enamorada
y veneno cuando no lo está.

*

Si el bosque de su cabello
te incita a explorarlo
y las blancas montañas de sus pechos
tientan a tu mano montañera,
detente antes de que sea tarde:
el bandido Amor está acechando.

*

Ella no precisaba maestro
en el arte de usar su femineidad
para conquistar el corazón del hombre.
A los incólumes pétalos rojos del lirio
se acerca libremente la abeja,
ansiosa por quedar apresada.

*

Mejor que una armadura
la paciencia te guarda del daño.
¿Para que buscar otros enemigos
si tienes ira dentro de ti?
Los amigos son tu remedio contra el peligro.

¿Para qué pides que te caliente el fuego
si tienes el amor de los tuyos?
¿Qué mordedura de serpiente
puede compararse a la maledicencia?
¿Para qué sirve la riqueza
si ya el saber da la felicidad?
¿Para que adornarse con joyas,
estando ya adornado de modestia?
¿Por qué envidiar a los reyes
si nos acompañan las musas poéticas?

*

¡Oh, príncipe! Cuando ordeñes la vaca del Estado
deja primero al pueblo beber su parte.
Sólo cuando los hijos se sacien
dará frutos el árbol de la Tierra
para llenar a rebosar tu plato.

*

Los ignorantes se conforman con poco
y los razonamientos convencen a los sabios.
Pero para doblegar la soberbia
de los falsos eruditos
no es bastante toda la sabiduría de los cielos.

*

Somos niños durante el primer acto;
jóvenes enamorados, durante el segundo:
primero somos pobres y ricos luego.
En el último acto,
con arrugas y doblegados por los años,

finalizamos la comedia
que se inició con nuestro nacimiento
y desaparecemos tras los telones
de la comedia de la vida.

*

Aquella en quien siempre pienso
no piensa en mí, sino en otro
que, a su vez, no la ama a ella,
pues prefiere a otra mujer.
Y una pobre niña suspira por mi.
¡Malditos sean ella y él,
y la otra mujer,
y yo, y la niña
y el amor!

*

A la Tierra, mi madre; al Aire, mi padre;
a mi amigo, el Fuego; a mi prima, el Agua
y al Éter, mi hermano; a todos vosotros
os doy mi adiós. Os agradezco
vuestra mercedes para conmigo
durante el tiempo que pasamos juntos.
Ahora, mi alma
esta límpida y tiene conocimiento
y vuelve
al gran Absoluto de donde surgió.

KÂLIDÂSA

Meghadûta

A Kâlidâsa se le considera el más grande de los poetas clásicos indios y es, indudablemente, el más famoso en Occidente. Vivió en el siglo V d. de C., (c. 375–455), aunque poco se conoce de su vida, salvo que pertenecía a la casta de los brahmanes y era adorador del dios Shiva. Según la tradición fue el poeta de corte del rey Vikramâditya. La leyenda cuenta que fue un vagabundo que adquirió el don de la creación literario mediante severas penitencias hechas en honor de la diosa Kâlî, de quien tomó su nombre ("esclavo de Kâlî").

Cultivó con gran éxito la poesía lírica, la épica y la dramática, con un estilo muy claro y preciso, algo desusado en la generalmente muy ornamentada lírica sánscrita. Su lenguaje establece el criterio de pureza en sánscrito y se caracteriza por su economía de palabras y por la gran sugerencia de éstas. Fue un esteta que reflejó en sus composiciones las actitudes y los ideales de vida indios: la búsqueda de la virtud, el aprendizaje de la vida y, por último, la liberación espiritual.

Aparte de muchas obras atribuidas, sus composiciones principales son los mahâkâvya *o epopeyas tituladas* **Raghuvansha**, **Kumârasambhava**, *los poemas líricos* **Ritusamhâra** *y* **Meghadûta** *y las piezas teatrales* **Abhijñânashakuntalâ**, **Vikramorvashî** *y* **Mâlavikâgnimitra**, *con los que dio una visión muy concreta del pensamiento y las formas sociales de su tiempo.*

El **Meghadûta** *("La nube mensajera") es un poema de amor, de reducidas dimensiones, con 110 o 121 estrofas, según las* *recensiones, que produjo en su tiempo muchas imitaciones y más de una cincuentena de comentarios, lo que es índice de la popularidad que obtuvo. Se le considera un* mahâkâvya *o "gran poema". Narra la historia de un* yaksha *o genio sobrenatural, al servicio de Kuvera, dios de las riquezas, que ha sido desterrado por un año en un monte de la India meridional, lejos de su esposa y que envía a una nube pasajera, que se dirige al monte Kailâsa en el Himâlaya, como mensajera de su amor. El poema describe los lugares por los que la nube ha de pasar y el mensaje del amante. Es una bella composición que habla de la topografía india y de los sentimientos amorosos de los amantes con gran delicadeza y precisión. Su ficción es totalmente alegórica, pero los sentimientos del protagonista son verdaderos y se expresan en una lengua elegante y flexible. En esta obra se ponen de manifiesto el amor de Kâlidâsa por su tierra y el aprecio que hacía de la descripción de la naturaleza como recurso literario*

MEGHADÛTA
(Selección)

En una ermita de un monte, protegida por la deliciosa sombra de los árboles, rodeada de aguas sagradas, vivía un *yaksha*, guardián de las riquezas del subsuelo, que por descuidar sus deberes, había sido privado de su rango por su maestro y condenado a vivir durante un año separado de su amada esposa.

Ya habían pasado varios meses de dicha separación. Un apacible día de verano, mientras el amante jugueteaba con un brazalete de oro de su amada, le pareció divisar una enorme nube que embestía contra la ladera como un elefante contra una muralla.

Levantándose, apenado y conteniendo sus lágrimas, el servidor del dios de dioses [Shiva] se sumió por largo tiempo en sus pensamientos. Si la contemplación de la nubes entristece el corazón del hombre feliz, ¿qué no hará al que lejos de su amada se consume en deseos de abrazarla de nuevo?

Queriendo que su amada permaneciese con vida y como transcurría el tiempo, decidió confiar a la nube las noticias de sí mismo. Le ofreció frescos jazmines en ofrenda y se dirigió a ella, amable, con corteses palabras.

¿Qué relación puede haber, sin embargo, entre una nube que es sólo vapor, fuego, agua y vientos y un mensaje humano? Pero el *yaksha*, acuciado por la ansiedad, no pensó en ello y le hizo su ruego, pues los que padecen por amor cuentan sus pesares y tristezas a los seres animados y a los inanimados.

"¡Oh, tú, nacida de la más ilustre estirpe de los dioses! ¡Oh, servidora de forma cambiante! El destino me ha alejado de todo lo que quiero y por ello a ti acudo con mi ruego. Es preferible rogar a un ser noble aunque no te escuche, que a un ser infame, por más que cumpla tu deseo."

"Tú eres el refugio de los atormentados. Tú llevas la lluvia a los que la precisan. ¡Oh, nube, transmite este mensaje a mi amada, de la que me separan las órdenes de mi amo, Kuvera, dios de las riquezas! Tu camino te lleva a Alakâ, la ciudad de los *yaksha*, de palacios bañados por la luna y hermosos jardines." [...]

"Déjame decirte en primer lugar la ruta que más te conviene y luego te transmitiré el mensaje que quiero confiarte. Te indicaré los montes en que podrás detenerte cuando estés cansada y los ríos cuyas dulces aguas podrás beber cuando te encuentres débil."

"Al verte marchar con ímpetu las mujeres de los sabios creerán que el viento va a destrozar las cimas de las montañas. Dirígete al norte, dejando atrás este lugar lleno de cañaverales, y evita en tu camino tropezar con las vigorosas trompas de los elefantes que custodian los puntos cardinales."

"Una parte del arco iris del dios Indra aparece ante nuestros ojos, desde la cumbre del monte Valmika, como un tesoro de piedras preciosas. Tu oscuro cuerpo oscuro se destaca en él con espléndida belleza, como el cuerpo de Vishnu, cuando se engalana con las multicolores plumas del pavo real."

"Los campesinos te saludarán con lágrimas en los ojos, pues de ti dependen sus cosechas. Llega hasta la región de Mala, que huele a tierra removida, y desde allí dirígete al norte."

"Tras sofocar con tu carga el incendio de sus bosques, el monte Amarakûta te recibirá, cuando llegues cansada de tu camino. Hasta los seres más malvados ayudan a sus amigos cuando éstos lo necesitan. ¿Cómo no iba a hacerlo un monte tan magnífico?"

"Sus laderas están cubiertas de plantas silvestres, cargadas de maduros frutos. Cuando alcances su cima, oscura como una trenza impregnada de ungüento, la montaña se convertirá en un magnífico espectáculo para los dioses, negra en su centro y pálida en el resto, como el seno de la tierra."

"Después de reposar por unos instantes en la montaña en cuyos prados juguetean las mujeres de los habitantes de los bosques, ligera por haber descargado tu lluvia, prosigue tu camino. Divisarás el río Revâ, que se destroza en las estribaciones de los montes Vindhya y que asemeja los adornos de colores que decoran los cuerpos de los paquidermos."

"Derrama tu lluvia y sáciate con sus aguas, perfumadas con el acre olor de los elefantes en celo, y que discurren perezosa entre los manzanos. Cuando te halles llena de agua, ni el viento podrá igualar tu fuerza, ¡oh, nube! El vacío es débil y la plenitud otorga fuerza." [...]

"Cuando llegues a Vidisha, la famosa capital de la región, gozarás

al punto del completo placer de los amantes. Como se bebe en los labios de una hermosa mujer, entornando los párpados, así beberás la deliciosa agua del río Vetravatî, de agitadas ondas, que discurre feliz por sus orillas."

"Detente a descansar allí, en la montaña Nîcha, que a tu contacto se enervará de placer, con sus flores de *kadamba* completamente abiertas. El sensual olor de cortesana que hay en sus cuevas revela los ardores de los jóvenes del lugar."

"Cuando hayas descansado, ponte de nuevo en camino, regando con tus gotas de aguas los jardines cubiertos de jazmines en flor que adornan la ribera del río Vananadî. Otorga por unos instantes tu sombra familiar al rostro de las mujeres que recogen las flores y que al enjugar el sudor de sus mejillas marchitan los lotos con que se adornan."

"Aunque hayas de apartarte de tu camino al Norte, no dejes de ver los jardines de los palacios de Ujjayinî. Sería triste que no admiraras los hermosos ojos de sus mujeres, que se cierran con sobresalto ante los relámpagos." [...]

"Dejando atrás los palacios de Kuvera, más al norte divisarás nuestra mansión, que destaca por su entrada, magnífica como el arco iris de Indra. Junto a ella, criado como un hijo por la mano de mi amada, hay un árbol de *mandâra* cuyas ramas se doblan hacia el suelo, ofreciendo a la mano sus flores."

"Hay también un estanque al que se llega por un camino con escalones de esmeralda, con lotos tallados con incrustaciones de oro y lapislázuli. Al verte, los cisnes que habitan en sus aguas no se asustarán ni marcharán al cercano lago Mânasa."

"En sus orillas se alza una colina, cuya cima está coronada por delicados zafiros y a la que rodean dorados plataneros. Cuando te contemplo, ¡oh, amiga!, con tus bordes brillando por los relámpagos, me acuerdo de esta colina, que aún continúa dando placer a mi amada."

"Allí se alzan un rojizo árbol de *ashoka* y una bella mimosa de ramas ondulantes, junto a un manojo de grandes lianas. Y fingiendo ambos árboles que desean florecer, uno deseará ser tocado por el pie de mi amada y otro anhelará, como yo, saciarse con el líquido embriagador de su boca."

"Entre ellos, sobre una base de cristal de roca, hay una percha de oro, con la base cubierta por joyas del color del bambú. Cuando muere la tarde, allí se posa tu amigo, el pavo real, a quien mi esposa hace danzar, batiendo palmas al dulce ritmo del tintineo de sus brazaletes."

"Por estos signos, y por el loto y la concha que hay tallados en su puerta podrás, ¡oh, amiga!, reconocer nuestro palacio, cuya belleza languidece ahora por mi ausencia, porque cuando el sol se oculta no parece tan hermosa la flor de loto."

"Si reduces tu tamaño al de un pequeño elefante para poder moverte con rapidez, cuando te halles sobre la colina que te he descrito, podrás contemplar el interior del palacio a la luz de uno de tus pequeños relámpagos, como un enjambre de luciérnagas."

"Allí encontrarás a la criatura más perfecta del Creador, esbelta, bronceada, de dientes pequeños, de labios rojos como la fruta madura, de ojos de gacela temblorosa, de ombligo profundo, de andar suave por el peso de sus caderas y de redondos senos."

"Ella es la compañera de mi vida y se hallará triste y solitaria como el pájaro fiel a su pareja, por hallarme yo ausente. Me la imagino como una tierna flor de loto herida por el frío transida por estos dolorosos días de ansiedad."

"Sus ojos están hinchados por las abundantes lágrimas y sus labios descoloridos por el fuego de sus continuos suspiros. Su rostro, que apoya en sus manos, apenas visible por sus cabellos, tiene la tristeza de la luna menguante."

"La encontrarás ocupada en sus ofrendas. O estará dibujando mi retrato, imaginado en su alma, enflaquecida por la ausencia. O le dirá a su ave enjaulada: «¿Te acuerdas, fiel amiga, de mi señor? El te amaba.»"

"Tendrá algún instrumento sobre sus rodillas, cubiertas por ropajes de luto, y de dispondrá a cantar una canción cuyas palabras tristes recuerden nuestra historia. Pero apenas podrá pulsar las cuerdas, mojadas por sus lágrimas, y olvidará una y otra vez la melodía."

"Con flores hará en el suelo un calendario en el que contar los días que faltan para mi regreso y vivirá de nuevo el goce de los días felices de nuestra unión con el poder del recuerdo. Tales son los placeres de aquellas cuyos amantes están ausentes."

Abhijñânashakuntalâ

*El **Abhijñânashakuntalâ** ("El reconocimiento de Shakuntalâ") es un drama en siete actos conocido corrientemente en Europa por el nombre de su heroína: Shakuntalâ. Se considera la obra maestra de Kâlidâsa y una de las más logradas del teatro indio.*

*La leyenda de Shakuntalâ formaba parte del **Mahâbhârata** y del **Padmâ Purâna**, pero Kâlidâsa transformó la leyenda y mejoró los modelos, dándoles mayor fuerza dramática y sentimental y*

añadiendo elementos argumentales de gran interés, como son la mal-
dición a Shakuntalâ y el episodio del anillo, inspirado quizá en uno
*de los **Jâtaka** o leyendas de las vidas anteriores de Buddha. El ar-*
gumento narra que el rey Dushyanta, en el curso de una cacería cerca
de la ermita del asceta Kanva, se encuentra con Shakuntalâ, la hija
adoptiva de éste y se casa con ella. En el momento de marchar le deja
su anillo. Pensado en su amado, Shakuntalâ se olvida de rendir ho-
nores a un asceta, que la maldice con que su esposo la olvidará.
Cuando Shakuntalâ se presenta en la corte ante su esposo, éste no la
reconoce y ella no puede mostrar su anillo, porque lo ha perdido.
Abandonada en una selva da a luz a un hijo. Finalmente, el anillo
es recuperado y el rey sale de su mágico olvido, llegándose a un final
feliz.

De esta pieza se hicieron muchas versiones en lenguas vernácu-
las indias y fue una de las primeras obras sánscritas conocidas en
Europa, siendo muy admirada por la crítica romántica, llegando a
influir incluso a Goethe y a Schiller. Está escrita con una gran clari-
dad y mucha elegancia, con un empleo muy adecuado de las figuras
retóricas y con descripción de personajes de emociones muy humanas y
realistas.

El fragmento que incluimos es el de la escena en la que el rey no
reconoce a su esposa, cuando ésta llega a su palacio.

ACTO QUINTO

SACERDOTE.—(*Mostrando al Rey.*—) ¡He aquí al rey, protector de las castas y de los religiosos. Abandona ahora el tribunal y os espera, ¡oh, ascetas! Miradle.

SARANGARAVA.—¡Oh, reverenciado brahmán! Deberíamos alegrarnos, pero estamos indiferentes. ¿Y la razón de ello? Porque de la misma manera que los árboles inclinan sus ramas por el peso de la fruta madura y las nubes se acercan a la tierra por el peso de sus aguas, los hombres virtuosos no presumen de sus riquezas. Esto caracteriza a los que aman a sus semejantes.

SIRVIENTA.—(*Al Rey.*—) Señor, los ascetas parecen tranquilos. Creo que el asunto que les trae aquí no debe inquietaros.

EL REY.——(*Viendo a Shakuntalâ.*) ¿Quién es esa joven, cubierta por velos, cuyo cuerpo aún no ha desarrollado toda su hermosura? Entre los austeros ascetas parece como una rama verde entre hojas amarillas.

SIRVIENTA.—Señor; quien quiera que sea esa mujer, ¿no os parece digna su belleza de ser contemplada?

EL REY.——En efecto; pero no se debe contemplar así a la mujer ajena.

SHAKUNTALÂ.—(*Aparte.*) ¡Oh, corazón mío! ¿Por qué tiemblas? ¡Recuerda el cariño de tu esposo y tranquilízate.

SACERDOTE.—(*Aproximándose.*) A los ascetas se les ha recibido como es debido. Uno de ellos trae un mensaje de su maestro. Oigámosle.

EL REY.——Estoy escuchando.

ERMITAÑOS.—(*Levantando las manos.*) ¡Gloria a ti, oh, rey!

EL REY.——Os saludo.

ERMITAÑOS.—¡Que vuestros deseos se vean cumplidos!

EL REY.——Confío en que nada esté turbando vuestra meditaciones,

ERMITAÑOS.—¿Quién se atrevería a obstaculizar los sagrados ritos de los ascetas que se hallan bajo vuestra protección? ¿Cómo puede haber oscuridad en el reino mandado en él un astro de refulgentes rayos?

EL REY.——Así debe ser, si el rey cumple su cometido. ¿Cómo se halla el sagrado Kanva? ¿Ve recompensadas sus penitencias con el bienestar de las gentes?

ERMITAÑOS.—Los buenos sucesos se deben a la penitencia de los santos. El venerable Kanva quiere tener noticias de vuestra salud, y también...

EL REY.——¿Qué ordena ese santo hombre?

SARANGARAVA.—Esto ha dicho: "Puesto que el rey ha tomado por esposa a mi hija, doy a los dos mi consentimiento. Te reconocemos como el primero de los hombres honrados y Shakuntalâ es la encarnación misma de la virtud. Al unir a una joven con un esposo que la merezca, un padre no se expone a la censura." Esta joven lleva un hijo vuestro en su seno. Acogedla, pues, y cumplid ambos vuestros deberes religiosos.

GOTAMÎ.—Señor, desearía decir algo, pero no deseo ofender, pues la joven no ha requerido a su padre ni vos habéis consultado a ningún pariente. Todo ha tenido lugar entre los dos. ¿Qué tenéis que deciros el uno al otro?

SHAKUNTALÂ.—(*Aparte.*) ¿Qué va a decir el noble rey?

EL REY.——¿Qué revelación es esa?

SHAKUNTALÂ.—(*Aparte.*) ¡Sus palabras me abrasan!

SARANGARAVA.—¿Por qué dudáis, Señor? Los hombres como vos deben conocer las reglas del mundo. La mujer casada, aunque sea virtuosa, puede quedar infamada si vive en casa de sus padres. Por ello, aunque el esposo no la ame, los padres quieren siempre que viva con él.

EL REY.——Según lo que decís, ¿yo he desposado a esta joven?

SHAKUNTALÂ.—(*Con consternación. Aparte.*) ¡Oh, corazón, está sucediendo lo que temías!

SARANGARAVA.—¡Cómo! ¿El arrepentimiento de una acción conduce al rey a apartarse de la justicia?

EL REY.——¡Lo que decís es una sarta de mentiras!

SARANGARAVA.—Los cambios de opinión son frecuentes en los hombres ebrios de poder.

EL REY.——¿Es justo que se me injurie de esta manera?

GOTAMÎ.—Hija mía, no temas. ¡Alza el velo que cubre tu rostro y tu esposo te reconocerá! (*Shakuntalâ lo hace.*)

EL REY.——(*Contemplándola. Aparte.*) Esta hermosura que resplandece ante mis ojos, ¿ha sido mi esposa? De igual manera que la abeja titubea al amanecer junto a la flor del jazmín, yo no puedo ni aproximarme a ella ni decidirme a alejarme.— (*Queda pensativo.*)

SIRVIENTA.—¡Qué respeto tiene el soberano a la ley! Ante la contemplación de tal belleza, traída aquí para su placer, ¿quién se mostraría indeciso?

SARANGARAVA.—Señor, ¿por qué guardáis silencio?

EL REY.—— ¡Ascetas! Por más que lo intento no consigo recordar mi matrimonio con esa joven.— Cuando es patente que va a ser madre, y no estando seguro de ser su esposo, ¿cómo deberé conducirme con ella?

SHAKUNTALÂ.—(*Aparte.*) ¡El rey duda hasta de nuestra boda! ¡Y yo que había puesto tan alta mi esperanza...!

SARANGARAVA.—(*Al Rey.*—) ¡No debéis menospreciar así al sabio que os entregó a su hija y que os permitió que le arrebataseis su tesoro.

SHARADVATA.—Sarangarava, calla. (*A Shakuntalâ.*) Hemos dicho lo que veníamos a decir.— También el rey ha hablado.— Ahora hay que contestarle adecuadamente.

SHAKUNTALÂ.—(*Aparte.*) ¿Para qué empeñarse en recordar un amor tan poco auspicioso? Pero debo justificarme a mí misma. (*En voz alta.*) ¡Mi señor! (*Aparte.*) Ahora que se duda de nuestro casamiento, no debo emplear esas palabras. (*En voz alta.*) ¡Descendiente de Puru! Es indigno de vos rechazar ahora con palabras tan duras a la mujer sencilla a quien enamorasteis en la ermita del bosque.

EL REY.——(*Tapándose las oídos.*) ¡Cállate! ¡No me ofendas! ¿Por qué te empeñas en rebajarme ante mi corte, como un río cuya corriente socava sus orillas, enturbia las límpidas aguas y arrastra a los árboles cercanos?

SHAKUNTALÂ.—¡Está bien! Si temes que yo sea la mujer de otro, disiparé tus dudas con un signo por el que podrás reconocerme.

EL REY.——¡Veámoslo!

SHAKUNTALÂ.—(*Buscando su anillo en el dedo.*) ¡Ay! ¡Desdichada de mí! ¡El anillo no está ya en mi mano!

GOTAMÎ.—Sin duda lo perdiste al hacer tus abluciones en el estanque sagrado de Sachi, en el templo de Sakravatava.

EL REY.——(*Sonriendo.*) Tienen razón quienes afirman que las mujeres son astutas.

SHAKUNTALÂ.—El destino está jugando con nosotros. Pero te contaré algo.—

EL REY.——Es justo escuchar la narración de lo acontecido.

SHAKUNTALÂ.—Un día, en el bosque de jazmines, ¿no llenaste el hueco de tu mano con el agua que contenía una copa hecha con una hoja de loto?

EL REY.——Continúa.

SHAKUNTALÂ.—Entonces se nos acercó un cervatillo, llamado Dîrghapanga, a quien yo crié, y tú le invitaste a que bebiera. Pero como no te conocía, no bebió de tu mano, sino que buscó el agua en el hueco de la mía. Tú sonreíste al verlo, y dijiste: "Todo ser confía en sus semejantes y los dos sois habitantes del bosque."

EL REY.——¡Estas falsas y dulces palabras son las que seducen a los voluptuosos!

GOTAMÎ.—¡Oh, rey, desterrad de vuestra mente tal sospecha! Esta joven, criada en el bosque, no conoce el arte de la seducción.

EL REY.——¡Oh, penitente! La astucia de las hembras se muestra hasta en los animales, tanto más en los seres racionales. Antes de que sus crías remonten el vuelo, las hembras de algunas aves se las ingenian para que otras aves las alimenten.—

SHAKUNTALÂ.—(*Con ira.*) ¡Hombre sin honor! Me juzgas ahora según tu corazón. Aunque te cubres con el manto de la virtud, eres ahora como un pozo oculto bajo la hierba.

EL REY.——(*Aparte.*) La ira de esta mujer no parece fingida. Pese a mi severidad y a no recordar el enlace del que habla, la furia de sus ojos muestran en verdad un amor traicionado. (*Alto.*) Mujer, la conducta honorable de Dushyanta es bien conocida por todos y no recuerdo nada de lo que decís que sucedió.

SHAKUNTALÂ.—Bien; ahora queréis presentarme como una mujer liviana, a mí que, creyendo verdadero un juramento de un descendiente de Puru, he sido víctima de un hombre que tiene miel en los labios y veneno en el corazón. (*Llora, cubriéndose el rostro con la orla de su vestido.*)

SARANGARAVA.—He aquí como una acción precipitada ocasiona pesadumbres. Hay que meditar mucho antes de una unión y más si es secreta. Cuando los corazones no se conocen bien, la amistad puede convertiste en odio.

EL REY.——¿Así que por el testimonio de esta joven, me acusáis de injusto?

SARANGARAVA.—(*Con ironía.*) Ya conocéis el proverbio que habla del mundo al revés. El hombre desde su nacimiento no se ejercita en la mentira. Sólo es digno de confianza el que engaña a los otros diciendo: "He aquí la verdad."

EL REY.——¡Pues bien, ermitaño! Aun cuando confesara que es cierto, ¿qué consecuencias tendría esta seducción?

SARANGARAVA.—La incapacitación para el gobierno del reino.

EL REY.——¿La incapacitación de gobernar para los descendientes de Puru? ¡Eso es de todo punto imposible!

SHARADVATA.—Sarangarava, ¿para qué insistes? Hemos traído el mensaje de nuestro venerable maestro. Volvamos a la ermita. (*Al Rey.*—) Esta mujer es tu esposa: repúdiala o acéptala. Tú tienes la máxima autoridad sobre ella.

GOTAMÎ.—Vamos. (*Inician la marcha.*)

SHAKUNTALÂ.—¿Cómo me abandonáis ahora, cuando me veo engañada por este hombre traidor? (*Intenta seguirles.*)

GOTAMÎ.—(*Deteniéndose.*) Hijo mío, Sarangarava: Shakuntalâ nos sigue, llorando amargamente. Su esposo la rechaza. ¿Qué va a hacer ahora?

SARANGARAVA.—(*Volviéndose a Shakuntalâ.*) ¿Te empeñas aún en hacer tu gusto? ¿Qué relación tienes ya con tu padre, cuando has sido desposada por un hombre? Si estás segura de la pureza de tu promesa, debes quedarte en la casa de tu esposo y sufrir tu suerte. Nosotros ya hemos cumplido nuestro deber.

EL REY.——¡Oh, asceta! ¿Por qué engañas a esta mujer? ¡La luna abre las flores de la noche y el sol las del día. Los hombres que son dueños de sus pasiones evitan el contacto con las mujeres ajenas.

SARANGARAVA.—Ya que por la unión con otra mujer, habéis olvidado lo que sucedió, ¿por qué tiene ella miedo de una injusticia?

EL REY.——(*Al sacerdote.*) Te pido que peses en la balanza de tu juicio al fuerte y al débil. Estoy dudoso y no sé si esta mujer dice la verdad. ¿He de abandonar a una esposa o envilecerme tomando una mujer ajena?

SACERDOTE.—(*Después de reflexionar.*) ¿Qué es lo que tú deseas?

EL REY.——Que tu sabiduría me aconseje.

SACERDOTE.—Que esta mujer quede bajo mi protección hasta que sea madre. Si se cumple la predicción de los sabios, que dicen que engendrarás a un primogénito que tendrá en la mano el dibujo de una rueda, y el hijo de esta joven lo tiene, la honrarás y aceptarás como esposa. Si no es así, la devolverás a su padre.—

EL REY.——Obedeceré a mi preceptor espiritual.

SACERDOTE.—Sígueme, hija mía.—

SHAKUNTALÂ.—¡Oh, tierra; ábrete bajo mis pies! (*Llorando, sale con el sacerdote y los ascetas. El rey queda reflexionando.*)

UNA VOZ.——¡Qué cosa tan maravillosa!

EL REY.——¿Qué ocurre?

SACERDOTE.—(*Entrando, con gesto de asombro.*) Majestad, acaba de suceder algo en verdad maravilloso.

EL REY.——¿Qué ha sido?

SACERDOTE.—Señor: mientras los discípulos de Kanva se alejaban, la joven maldecía a su suerte y lloraba amargamente.

EL REY.——¿Y qué?

SACERDOTE.—Junto al sagrado estanque de las ninfas, se elevó una llama con forma de mujer, que resplandeció y desapareció acto seguido. (*Todos expresan asombro.*)

EL REY.——Maestro, ya habíamos acabado con este asunto. ¿Por qué insistir en él? Dejad que repose vuestro espíritu.

SACERDOTE.—¡Que la victoria te acompañe siempre! (*Sale.*)

EL REY.——Vetravatâ, me encuentro muy turbado. Muéstrame el camino de mi habitación para que vaya a descansar.

SIRVIENTA.—Seguidme, Señor.

EL REY.——Verdaderamente no recuerdo haber desposado a la hija del asceta. Sin embargo, mi corazón, vivamente conmovido, me incita a creerlo.— (*Salen todos.*)

Ritusamhâra

*El **Ritusamhâra** ("El curso de las estaciones") es una composición lírica atribuida a Kâlidâsa –aunque esto es todavía hoy motivo de disensión entre los críticos– y, al parecer, una obra juvenil del poeta. Se compone de 153 estrofas agrupadas en seis cantos, que describen las seis estaciones climatológicas de la India: verano, estación de las lluvias, otoño, invierno, estación del deshielo y primavera. Las estrofas son independientes y describen elegantemente aspectos de la naturaleza, de la flora y la fauna y, en ocasiones, de los sentimientos amorosos, eróticos y sentimentales que las estaciones provocan en los humanos.*

Toda la composición está llena de gran sensualidad y las descripciones son extremadamente minuciosas. Hemos incluido todos los versos relativos a una estación, para que se pueda apreciar totalmente la construcción descriptiva de un canto.

LA ESTACIÓN DE LAS LLUVIAS

Mientras el elefante se regocija con las nubes, luce el relámpago y resuena el trueno, como un rey lleno de pompa y majestad, ha venido, ¡oh, amada!, la estación de las lluvias.

Las nubes han cubierto todo el firmamento, esplendoroso como las hojas del loto azul, iguales al color del colirio, o como los senos de mujer grávida.

Las atronadoras nubes, alborotadas y regalando el oído con su sonido, marchan lentamente entre sedientas bandadas de pájaros, inclinadas por el peso de sus aguas, vertiendo copiosas lluvias.

Los truenos pavorosos de fuerte estampido, tensando la luminosa cuerda del arco iris, dispuestos a descargar el impetuoso aguacero, afligen grandemente el corazón de los viandantes.

La tierra, con sus brotes de hierbas como turquesas, cubierta por los pétalos de *kandali*, poblada de luciérnagas, brilla como una hermosa mujer, adornada con una gargantilla de oro.

Los pavos reales, alegres y deseosos del festivo deleite, desplegando sus iridiscentes plumajes, danzan y retozan entre caricias bajo la lluvia.

Los ríos arrancan por doquier los árboles de las orillas, aumentan su caudal con aguas turbias y, como inquietas mujeres, presas de confusión, se dirigen rápidamente hacia su amado, el mar.

Los bosques de los montes Vindhya, tapizados de esmeralda, con su hierba recién brotada y sus vástagos tiernos y enhiestos, embellecidos por árboles jóvenes, fascinan a los que los contemplan.

Los vergonzosos ciervos de tímidos ojos de loto e inquieta mirada que moran en las cercanías de la selva arenosa, producen emoción al corazón.

Rugen incesantes los truenos y la noche se llena de densas tinieblas. Pero las mujeres apasionadas, distinguiendo su camino con el fulgor del relámpago, se dirigen al lugar de sus citas galantes.

Truenos y relámpagos surgen de las amenazadoras nubes y llenan el cielo con su terrible eco. Y las mujeres, con el corazón angustiado, abrazan aún más estrechamente a sus amantes en sus lechos.

Las esposas de los ausentes rocían los pétalos de sus labios con lágrimas salidas de sus ojos de loto y abandonan sus perfumes, sus collares y adornos.

La corriente se desliza hacia la hondonada, turbia, cargada de hierbas, semillas e insectos, como un reptil que avanzara serpenteante ante el temor de las ranas.

Las abejas abandonan su plantel de floridos pétalos y quedan enredadas confusamente en las colas de los pavos reales, a las que confunden con lotos azules.

El elefante salvaje, enfurecido por el estruendo de las nubes y sin cesar de barritar, mueve su testuz cubierta por la miel y las abejas.

Las montañas, cuyas rocosas cumbres besan las nubes, pródigas en manantiales y pobladas de pavos reales que danzan en círculo, provocan emoción.

¿A quién no causarán ansiedad los vientos fragantes, frescos al contacto de la nube lluviosa, tras agitar las flores de *ashvakarna, kadamba, arjuna* y *ketakí?*

Las mujeres alegran a sus amantes, con sus cabellos sueltos hasta la cadera, con guirnaldas de olorosas flores, con joyas en su pecho y color en sus labios.

Los ríos corren, vierten agua las nubes, barritan los furiosos elefantes, refulgen los bosques, danzan los pavos reales, trepan los monos y languidecen las mujeres que no tienen quien las ame.

Las relampagueantes nubes, festoneadas por el arco iris y cargadas de agua, y las mujeres, resplandecientes con sus brazaletes y cinturones de oro, subyugan ambas el corazón de los viandantes.

Las mujeres llevan guirnaldas de flores de *vakula*, *ketakî* y *kadamba* enlazadas en el cabello y flores de *kakubha* colocadas en el lóbulo de las orejas.

Precipitadamente marchan de la morada de sus padres a la de su esposo con los miembros ungidos con abundante sándalo y áloe, perfumados sus cabellos con guirnaldas de flores, oyendo el estrépito de las nubes al anochecer.

Las nubes avanzan lentamente junto con el arco iris, con su tono azul, llenas de su carga de agua, empujadas por el viento suave, mientras las recién desposadas cuyos esposos están ausentes sufren, desoladas por la separación.

Embriagada por doquier por el perfume de las flores de *kadamba*, agitados por el viento sus frondosos árboles, se mueve la selva refrescada por el agua, como una danzarina, expresando su sonrisa con las espinas de las flores *ketakî*.

La guirnalda de flores de *vakula*, tejida con enredaderas, constituye el adorno de las nuevas esposas, mientras el cúmulo de nubes, como un amante fiel, corona la estación.

Sobre sus amplios y turgentes senos lucen las mujeres los collares de perlas; sobre sus amplias caderas llevan finas y brillantes muselinas y sobre los bellos pliegues de su cintura brilla el surco de su vello por efecto de las gotas de agua.

El polen de la flor de *ketakî*, refrescado al contacto del agua y el viento, agitado por los árboles que se inclinan por peso de sus flores, fascina el corazón de los caminantes.

"Agobiadas por nuestra líquida carga, nos refugiamos en las cumbres", dicen las nubes. Vencidas por sus aguas, alegran a los montes Vindhya, abrasados por los excesivos y ardorosos rayos del fuego estival.

¡Que esta estación lluviosa, sumamente encantadora, grata a las mujeres, amiga inseparable de los árboles y vivificadora de todos los seres, haga que todos tus deseos se vean cumplidos!

Vikramorvashîya

Este drama indio en cinco actos, titulado **Vikramorvashîya,** *("La conquista de Urvashî mediante el valor"), es una de las obras más famosas de Kâlidâsa.*

Este poema lírico-dramático está dividido en cinco actos y tiene como tema los amores del rey Purûravas y la ninfa celestial Urvashî.— Esta ninfa es raptada por un gigante y libertada por el rey, surgiendo entre ambos una pasión amorosa. Cuando se separan ella deja escritas en una corteza de abedul unas palabras de amor dirigidas a Purûravas. La comprometedora corteza cae en manos de la reina, la cual se siente agraviada. Mientras tanto, en una representación en la que Urvashî toma parte, se confunde en el diálogo y dice en voz alta a quién ama verdaderamente, por lo que queda maldita y pierde su rango divino. El dios Indra suaviza la maldición, permitiendo que Urvashî pueda regresar al cielo después de dar un hijo a Purûravas. Los amantes pasan felizmente algún tiempo juntos, pero un día, en un arranque de celos, Urvashî abandona al rey y se adentra en un bosque encantado, quedando convertida en liana. El rey, desesperado, la busca en vano hasta que encuentra una fabulosa gema en virtud de la cual hace volver a Urvashî a su propio ser. Finalmente hallan al hijo que habían engendrado con anterioridad y los amantes se reúnen para siempre. El argumento está basado en una leyenda que se encuentra en el **Rig Veda** *y en el* **Shatapatha Brâhmana** *y se hizo especialmente popular por contar una historia de amor entre personajes humanos y divinos.*

La versión de Kâlidâsa de esta historia no se ciñe mucho a sus modelos, sino que introduce toda una serie de elementos para intensificar los efectos dramáticos. Abunda también en largos parlamentos sentimentales y en escenas de gran belleza, naturalidad y ternura. La lengua empleada es un sánscrito muy elegante entre los personajes de la nobleza y un prácrito o sánscrito vulgar entre los sirvientes, como era costumbre en este tipo de teatro. El género al que pertenece la obra es un tanto híbrido, pues el teatro indio no conoce la distinción entre tragedia y comedia, y ambos aspectos se alternan. Es de destacar la intervención de un brahmán que es el consejero del rey y que hace las veces de figura de donaire y de personaje cómico. También son muy frecuentes y típicas las apariciones de dioses en medio de la acción.

Incluimos íntegramente el primer acto de la obra, en el que tiene lugar el rescate de la ninfa y el enamoramiento de los protagonistas. No respetándose la unidad de lugar ni de tiempo, los acontecimientos se suceden rápidamente y el espectador ha de inferir por los diálogos la ambientación de cada escena y los movimientos de los personajes.

ACTO PRIMERO

VOZ.—(*Dentro.*) ¡Socorro! ¡Socorro! Si es que hay alguien en el mundo que pueda ayudarme.

NARRADOR.—¿Qué será ese sonido lastimero que atravesando el aire interrumpe mi discurso? ¡Ah, ya comprendo! La ninfa celestial, amiga de Nara, hija hermosa del santo Muni, mientras salía del palacio del dios de la riqueza, ha sido raptada por los enemigos de los dioses. Y sus compañeras, las ninfas del cielo del gran Indra, gritan para que alguien las socorra. (*Entran apresuradamente las Ninfas.*)

NINFAS.—¡Que nos auxilie aquel que tiene alas de inmortal para surcar los cielos! (*Rápidamente entran el rey Purûravas y su Auriga.—*)

REY.—¡Dejad de gritar! Contadle al rey Purûravas, que llega de las regiones del sol, que es lo que os impele a pedir socorro.

RAMBHÂ.—La violencia de los demonios.

REY.—¿Qué os han hecho esos enemigos de los dioses?

RAMBHÂ.—¡Oh, soberano! Cuando volvíamos del palacio de Kuvera, un gigante ha raptado a nuestra querida amiga, la ninfa que fue nuestro escudo contra los ataques del poderoso Indra, aquella que es más encantadora y bella que Gaurî, orgullo de la hermosura y ornamento del cielo.

REY.—¿Y a dónde se dirigió el feroz gigante?

NINFAS.—Hacia el norte.

REY.—No tengáis temor. Por la fuerza de mi brazo os devolveré a vuestra amiga.

NINFAS.—Tal hazaña será digna de ti, ¡oh, ilustre descendiente de la estirpe lunar!

REY.—¿Dónde aguardaréis mi regreso?

NINFAS.—Sobre la cumbre dorada del monte Hemakûta.

REY.—Auriga, dirige los caballos hacia el norte y con rapidez.

AURIGA.—Sí, gran señor.

REY.—Con marcha tan veloz alcanzaría al mismo dios Vishnu, que montase sobre Garuda. Nos siguen nubes de polvo que levantan las ruedas. Su giro veloz suena como los rayos en el cielo. La crin de los corceles parece inmóvil, como si estuviera dibujada en un cuadro o como si fuera una bandera al viento. (*Salen el auriga y el Rey.*—)

SAHACHA.—Amigas, sigamos al rey y esperémosle en el lugar acordado. Allí aguardaremos a que el gran Purûravas cumpla su promesa.

MENAKÂ.—Así lo haremos. (*Fingen subir a la cima del monte Hemakûta.*)

RAMBHÂ.—¡Quieran los dioses que el rey nos quite este pesar del corazón, aunque es difícil vencer a los gigantes!

MENAKÂ.—No dudes de que lo haga.

RAMBHÂ.—Sin embargo, los gigantes son poderosos.

MENAKÂ.—Cuando llegue el momento de combatir, el gran dios Indra, a quien le va en ello el honor y la gloria, dará fuerzas al rey y la victoria en su lucha.

RAMBHÂ.—Mi deseo es que su victoria sea completa.

MENAKÂ.—Cobrad ánimos, amigas. Ya se ve acercarse el carro del rey, que se aproxima veloz como una gacela. Ya se le ve venir, ya regresa de su empresa. (*Miran la señal de llegada del Rey.— Al poco entra el Rey con su auriga y con Urvashî, asustada, cogida del brazo de Chitralekhâ.—*)

CHITRALEKHÂ.—¡Ánimo, amiga!

REY.—No tengas temor, hermosa mujer. Por gracia de Indra, dios de los tres mundos, los enemigos han quedado vencidos. Abre tus ojos, que son como la flor de loto que se abre con la aurora.

CHITRALEKHÂ.—Sólo porque respira se sabe que está viva.

REY.—Tu amiga ha quedado sobrecogida por el temor. Sin embargo y a pesar del velo que la cubre, los latidos de su corazón se reflejan en el movimiento de la guirnalda de flores de *mandâra* que lleva sobre el pecho.

CHITRALEKHÂ.—(*En tono dulce.*) Urvashî, recobra tu valor, pues no parece bien tanto temor en una ninfa celestial.

REY.—El pánico se ha apoderado del corazón de esta flor delicada. Descubro sus latidos en las ondulaciones del velo que cubre su pecho. (*Urvashî vuelve en sí.*) ¡Regocíjate, Chitralekhâ! Tu querida amiga ha recobrado la salud. Como la luna en noche oscura surge de las tinieblas, como los fuegos celestes aparecen en medio de la oscuridad, así surge este hermoso cuerpo de su desmayo, de la misma manera que el sagrado río Ganges, tras mancharse con los lodos de sus orillas, vuelve a tener un agua azul y cristalina y se dirige majestuosamente al mar.

CHITRALEKHÂ.—Urvashî, amiga, no hayas temor. El gran rey, sin par en sentimientos generosos, ha acabado con tus enemigos, los feroces gigantes.

URVASHÎ.—(*Abriendo los ojos.*) El poderoso dios India, que contemplaba el combate, me ha prestado su auxilio.

CHITRALEKHÂ.—No ha sido tanto mérito de Indra como del gentil rey Purûravas, que es tan fuerte como el mismo dios.

URVASHÎ.—(*Mira al Rey y habla aparte.*) Mis temibles enemigos, los gigantes, me han hecho una señalada merced.

REY.—(*Aparte, mirando a Urvashî.*—) Con razón todas las ninfas se ruborizan al contemplar a tan bella hija de un venerable asceta, cuya apariencia encanta al mismo Nârâyana [Vishnu]. ¿Cómo puede un asceta haber engendrado tanta belleza? No lo entiendo. En ella derramó el dios de la creación una belleza no inferior que la de la luna. Ni el mismo dios del amor la podría haber hecho más perfecta. ¿Cómo pudo salir tan gran portento de un asceta, desconocedor del amor y entregado al estudio de las escrituras sagradas?

URVASHÎ.—Querida Chitralekhâ, dime dónde están nuestras amigas.

CHITRALEKHÂ.—El poderoso rey nos guiará hasta el lugar en el que se encuentran.

REY.—(*Mirando a Urvashî.*—) Me porté contigo como un amigo cuando te hallabas en peligro. Y no te oculto,

¡oh, hermosa mujer!, que al verte por vez primera en el camino quedé prisionero de tus ojos radiantes. Ahora, el apartarme de ellos sería causa de un terrible padecimiento. Tus amigas también lo habrán sufrido.

URVASHÎ.—(*Aparte.*) Tu dulce voz es como un néctar divino para mí; ni siquiera el que surge de la luna es tan dulce. (*En voz alta.*) Mi corazón ansía ver de nuevo a mis compañeras.

REY.—(*Señalando a las amigas de Urvashî.*—) Mira, ¡oh, bella!, a tus amigas. Desde la cima del Hemakûta te contemplan con atentos ojos, como a la luna radiante en un cielo despejado. (*Urvashî mira con inquietud.*)

CHITRALEKHÂ.—¿Por qué me miras así, amiga?

URVASHÎ.—El que conmigo goza y sufre, me devora con los ojos.

CHITRALEKHÂ.—(*Sonriendo.*) ¿Quién?

RAMBHÂ.—(*Jubilosa.*) Dios nos ha devuelto a Urvashî, la querida amiga de Chitralekhâ, igual a las estrellas, junto con el rey, su salvador.

MENAKÂ.—Dos causas hay para nuestro regocijo: podemos contemplar a nuestra amada amiga totalmente ilesa, y a su lado vemos al generoso Rey.—

SAHACHA.—Los feroces gigantes han quedado vencidos.

REY.—Auriga: dirige el carro hacia adelante.

AURIGA.—Sí, señor. (*Urvashî, imitando el movimiento descendente del carro, fija con timidez sus ojos en el Rey.*—)

REY.—(*Aparte.*) Un descenso tan penoso ha producido en mí, sin embargo, placer inexplicable, aunque los bruscos vaivenes del carro sacudían todos mis miembros.

URVASHÎ.—(*Con rubor.*) ¡Se alejará de nuestro lado...!

CHITRALEKHÂ.—No lo sé.

RAMBHÂ.—Nuestro corazón ansía presentarse ante nuestro monarca.

NINFAS.—Hagámoslo así. (*Se aproximan.*) ¡Gloria y honor al rey que ha quedado victorioso con la ayuda de los dioses!

REY.—Detén el carro, Auriga.— Contemplando a esta ninfa, ansiosa por reunirse con sus compañeras, siento como si una enredadera perfumada por la estación primaveral se abrazase con fuerza a mi cuerpo. (*El auriga detiene el carro.*)

NINFAS.—¡Viva! ¡Victoria eterna a nuestro rey!

REY.—¡Ninfas ilustres, estas compañeras vuestras son los trofeos de mi victoria!

URVASHÎ.—(*Baja del carro, apoyada en Chitralekhâ.*—) Yo había perdido toda esperanza de ver de nuevo a mis amigas, pero ahora gozo de nuevo de la alegría de estrecharlas contra mi pecho. (*Las abraza.*)

MENAKÂ.—¡Que se extienda por todas partes y por todos los siglos la gloria del rey! (*Se oye un ruido de carros que se acercan.*)

AURIGA.—Como nubes que despiden rayos, así se acerca hasta este lugar un gran número de carros, como salidos del cielo.

NINFAS.—¡Llega nuestro admirado y poderoso Chitraratha! (*Entran Chitraratha y su séquito.*)

CHITRARATHA.—(*Al Rey.*—) ¡Bravo! Has llevado a término una magnífica hazaña con la ayuda oportuna del gran Indra, el de gran fuerza.

REY.—(*Bajando del carro.*) ¡Oh, rey de los *gandharvas* [músicos celestiales]! ¡Salud! ¿Qué te trae a mi presencia? (*Se estrechan la mano.*)

CHITRARATHA.—Amigo: al escuchar los gritos lastimeros que Urvashî, la de la hermosa cabellera, profirió al verse raptada, Indra mandó que un ejército de *gandharvas* volase en su rescate. Pero cuando supimos de tu glorioso triunfo y cómo habías liberado a las ninfas detuvimos nuestra marcha. La fama de tus hazañas me hecho presentarme a transmitirte el agradecimiento y los parabienes de nuestro Señor, Indra, que desea veros a ti y a su ilustre ninfa en su corte celestial. ¡Qué menos galardón para el servicio que has prestado! Esta belleza, que tú has arranchado de las garras de los gigantes, es un precioso don que Nârâyana [Vishnu] otorgó al terrible Indra.

REY.—Amigo, no ha de dársele tanta importancia a lo acaecido. El poder de los valiente proviene del dios del trueno, que lo concede a los que combaten en su nombre. El eco del rugido del león, saliendo de la cavernas, es suficiente para ahuyentar al elefante.

CHITRARATHA.—Tan profunda modestia, ¡oh, ornamento y gloria de la fuerza!, es digna de ti.

REY.—Amigo, éste no es momento para acudir a la invitación de Indra. Tú le presentarás al Señor la ilustre ninfa.

CHITRARATHA.—Como ordene Su Alteza.

URVASHÎ.—(*Aparte, a Chitralekhâ.*—) Amiga: siento que me falta el valor para hablar al rey, nuestro salvador. Hazlo tú en mi nombre.

CHITRALEKHÂ.—(*Al Rey.*—) ¡Rey poderoso! Urvashî solicita vuestro benévolo permiso para retirarse y transmitir vuestra fama al mundo de los dioses. (*Hacen ademán de salir. El Rey se presenta a Urvashî y la mira.*)

URVASHÎ.—¡Ay! Se me ha enredado mi guirnalda en una enredadera. Chitralekhâ, amiga, ayúdame a desenredarme. (*Mira al Rey, sin que éste se dé cuenta.*)

CHITRALEKHÂ.—(*Sonriendo.*) ¡Fuertes lazos te han apresado, por lo que veo! Yo no podré soltarte.

URVASHÎ.—Te hablo en serio. Desátame.

CHITRALEKHÂ.—Aunque me parece difícil, trataré de complacerte.

URVASHÎ.—(*Sonriendo.*) ¡Oh, amiga! ¿No recuerdas su sonora voz?

REY.—¡Gran favor me hace esta enredadera, postergando por unos momentos la marcha de la amada; al volver sus encantadores ojos he podido contemplar otra vez su hermoso rostro.

AURIGA.—¡Señor! Que los gigantes que han inferido ofensas al gran Indra sean arrojados a las aguas del océano; que tu flechas permanezcan en el carcaj, como el dragón Mahoraga está en su caverna.

REY.—Sostén el carro. Voy a subir. (*Lo hace.*)

AURIGA.—Está bien. (*Urvashî contempla todo esto con tristeza.*)

URVASHÎ.—¡Quieran los dioses que vea pronto otra vez a mi amable salvador! (*Sale, con Chitraratha y las amigas.*)

REY.—(*Mirando por donde ha marchado Urvashî.—*) El dios del amor nos exige un penoso sacrificio. Ella se deja arrastrar a las celestes regiones de su padre. La presencia de un rey que la salva, arranca el corazón de esta mujer como los hilos de los tallos de loto. (*Salen.*)

VÂTSYÂYANA

Kâma Sûtra

Vâtsyâyana, conocido también por el nombre de Malanâga, es un autor de difícil datación. Vivió presumiblemente en el siglo VI, en el reino de Avantí.

*El **Kâma Sûtra** ("El libro del amor") es el más antiguo de los tratados eróticos. Consta de 1250 versos, divididos en siete partes y 36 capítulos, escrito alternativamente en prosa y verso. Tuvo gran difusión y fue muy apreciado por su complejidad y por ser muy completo en su temática, así como por su valor desde el punto de vista sociológico y médico. El autor eleva al placer a la categoría de valor ético y elabora un libro técnico, al mismo tiempo de amena lectura, y en donde en forma rigurosa se describen las artes amatorias y las formas de cortejar, de tener un aspecto agradable, de elaborar bebidas estimulantes y afrodisíacos, de mantener el cariño del amante, de las varias maneras de gozar en el acto del amor con las muchachas, con las mujeres casadas, con las mujeres unidas a otro, con las cortesanas, etc.*

En el fragmento escogido se habla de la necesidad de aprender el arte del amor y se especifican las formas de cultura y ciencias colaterales a éste que la mujer cortesana debe conocer y que complementan el puro acto físico, elevando a esta práctica a la categoría de arte.

LAS ARTES DEL AMOR

Los hombres deben estudiar los *Kâma Sûtra* (Tratados del Amor) y las artes y ciencias relacionadas, así como las relativas al *dharma* [deber] y al *artha* [provecho]. Las mujeres deben también estudiar los *Kâma Sûtra* antes de su matrimonio y luego han de continuar estos estudios con el beneplácito de sus esposos.

Los sabios dicen que las mujeres, a quienes no está recomendado estudiar ciencias, no deben estudiar los *Kâma Sûtra*. Pero esta objeción carece de base, puesto que las mujeres conocen la práctica del amor. En muchos casos las gentes conocen la práctica de una ciencia o un arte mientras que desconocen su teoría. Por ejemplo, los *yajñika* o sacrificiantes, utilizan las palabras adecuadas al dirigirse a los distintos dioses y, no obstante, ignoran cómo se escriben dichas palabras. De la misma manera muchos cumplen sus deberes en los días propicios fijados por la astros, sin conocer la ciencia astrológica. Los jinetes y conductores de elefantes entrenan a estos animales mediante la práctica, sin conocer la ciencia del adiestramiento. Y las ciudades más alejadas de la capital obedecen las leyes del reino incluso sin conocer al Rey.

Por ende, una mujer debe aprender la ciencia del amor, al menos en parte,

ayudándole en su práctica alguna amiga íntima. Tiene que conocer de memoria los sesenta y cuatro temas que integran el *Kâma Shâstra* (Tratado del Amor). Su maestra puede una la hija de su nodriza, que se haya criado con ella y que ya esté casada, una amiga de la más absoluta confianza, su tía materna, una criada mayor o su propia hermana, en la que siempre puede confiarse.

Según los libros del amor tendrá que conocer las siguientes artes:

1. El canto.
2. La música instrumental.
3. La danza.

4. La combinación de danza, canto y música instrumental.

5. La escritura y el dibujo.

6. El arte del tatuaje.

7. El arte de vestirse y el adorno de imágenes, con flores y arroz.

8. Los diseños florales en lechos o en el suelo.

9. El arte de colorear los dientes, los vestidos, los cabellos, las uñas y el cuerpo.

10. La disposición decorativa en el suelo de cristales de colores.

11. El arte de hacer las camas y de extender bellamente tapices y almohadas.

12. La habilidad de tocar música con copas de cristal llenas de agua.

13. El almacenaje del agua en cisternas y depósitos.

14. La pintura y la decoración.

15. La confección de rosarios, collares, guirnaldas y coronas de flores.

16. La elaboración de turbantes y de lazos de flores.

17. El arte escénico.

18. La confección de adornos para las orejas.

19. La elaboración de perfumes y aromas.

20. La combinación de joyas y adornos con los vestidos.

21. La magia.

22. La agilidad o destreza de la mano.

23. El arte culinario.

24. La preparación de refrescos, sorbetes y bebidas aciduladas con olor y colorido.

25. El arte de la costura.

26. La confección de pájaros, flores, borlas, ramilletes, etc., de lana o hilo.

27. La solución de enigmas, logogrifos, juegos de palabras y adivinanzas.

28. El juego consistente en enlazar versos, recitando uno cuya primera letra sea igual a la última del verso con que ha terminado el anterior.

29. El arte de la mímica o imitación.

30. La lectura, con canto y entonación.

31. El estudio de las frases de difícil pronunciación.

32. El empleo de la espada, del bastón y del arco y las flechas.

33. El arte de razonar e inferir.

34. La carpintería o el arte de trabajar la madera.

35. La arquitectura o el arte de la construcción.

36. La numismática y el conocimiento de las joyas y las piedras preciosas.

37. La química y la mineralogía.

38. Los colores de las joyas, las piedras preciosas y las perlas.

39. El conocimiento de minas y canteras.

40. La jardinería y el arte de tratar las enfermedades de los árboles y las plantas, de cuidarlas y de determinar su edad.

41. La práctica de las peleas de gallos, codornices y carneros.

42. El arte de enseñar a hablar a los papagayos y a los estorninos.

43. El arte de aplicar ungüentos perfumados al cuerpo y el de trenzar los cabellos e impregnarlos cabellos con pomadas y perfumes.

44. La comprensión de escrituras cifradas.

45. El arte de hablar en código, cambiando la estructura forma de las palabras.

46. El dominio de lenguas y dialectos.

47. El arte de adornar con flores los carros para las procesiones.

48. El arte de trazar diagramas místicos y de hacer hechizos.

49. Los juegos de ingenio, tales como completar estrofas incompletas, de componer versos nuevos con partes de otros ya existentes, etc.

50. La composición de poemas originales.

51. El conocimiento de diccionarios y vocabularios.

52. El arte de cambiar la apariencia de las personas.

53. El arte de cambiar la apariencia de las cosas.

54. Las diferentes clases de juegos.

55. El arte de apoderarse de las propiedades ajenas mediante fórmulas mágicas.

56. La práctica de ejercicios físicos.

57. El conocimiento del protocolo y el arte de la urbanidad.

58. La teoría de la guerra, de las armas y de los ejércitos, etc.

59. El arte de la gimnasia.

60. El arte de adivinar el carácter de las personas por los rasgos de la cara.

61. El arte de versificar.

62. Los juegos aritméticos.

63. La confección de flores artificiales.

64. La confección de figuras de arcilla.

Una mujer pública, que sea bella, que tenga otros atractivos y, al mismo tiempo, esté versada en las artes anteriormente señaladas, recibe el nombre de *ganikâ*, o mujer pública de alto rango; en una sociedad masculina tiene derecho a una posición de honor. Será siempre respetada por el rey, ensalzada por los letrados y requerida por todos para que distribuya sus favores. De igual modo, la hija de un rey, al igual que la de un ministro, si posee las artes anteriormente señaladas, puede estar segura de que será la preferida de su esposo, aunque éste tenga millares de mujeres. Además, si una mujer se separa de su marido y cae en desgracia, puede ganarse fácilmente la vida mediante el conocimiento de estas artes. El mero hecho de conocerlas ya es un gran atractivo para una mujer, aunque su práctica sólo sea posible en determinadas circunstancias.

SHRÎ HARSHA

Ratnavalî

Shrî Harsha (606-647), de la dinastía Vardhana, fue rey de Thâneshar y protegió en su corte a diversos autores dramáticos, como el famoso Bâna, quien compuso una obra describiendo su accesión al trono. El rey revivió la tradición académica de algunos de sus predecesores y fomentó activamente el teatro y otras artes. Fue un especialista en el canon budista y ardiente devoto de Sarasvatî, la diosa la sabiduría.

Fue también autor de tres obras de considerable importancia: Ratnâvalî y Priyadarshikâ, con temas sacados de la colección de cuentos titulada Brihatkathâ, y Nâgânanda, de tema budista, tomada de una de las historias de los nacimientos anteriores del Buddha.

Ratnâvalî ("El collar de perlas") es una pieza en cuatro actos del subgénero nâtaka, *drama de tema mitológico o histórico. Gira en torno al matrimonio entre el rey Udayana y la hija del rey de Ceilán, tras una serie de obstáculos resueltos por la hábil intervención del ministro del Rey.— Se la considera una pieza modélica, en donde se aplican rigurosamente las reglas dramáticas sin que la acción quede en absoluto coartada por ellas. Es de destacar su alto contenido erótico y la hábil forma de presentarlo, lo que demuestra el conocimiento que tenía su autor de las artes sexuales.*

La escena que presentamos —la primera de la obra— sirve al mismo tiempo de descripción de personajes y de ambiente, y los elementos que la integran —músicas, danzas, insinuaciones eróticas y toda una parafernalia de colores y elementos decorativos típicos de la fiesta de la primavera— hacen pensar en una plástica muy lograda y en un conseguido intento de agradar estéticamente al espectador por medio de todos los recursos al alcance del autor, con un tratamiento puramente barroco.

ACTO PRIMERO

NARRADOR.—Hoy, que se celebra el festival de la primavera, me ha convocado aquí la corte de los reyes, procedentes de muy diversos lugares y tributarios del gran Shrî Harsha, el de los pies de loto. He sabido que nuestro señor, Shrîharsha, ha elaborado un drama titulado *Ratnâvalî* sobre un tema nuevo, pero todavía no lo he visto representado. Así, por el respeto debido a ese gran monarca, deleitador del corazón de todas las criaturas, deberá ser representada rigurosamente su obra. Tras vestir mis ropajes, haré lo que se me solicita. Estoy seguro de que los espectadores tienen excelente disposición, puesto que Shrî Harsha es un poeta experimentado. Además, este público sabe apreciar el mérito, las hazañas de los reyes resultan de gran interés para todos y nosotros somos consumados actores. Sí cada uno de estos hechos es justificación suficiente, ¿qué no serán todos juntos?

(*Aparecen sentados el Rey y su criado, el brahmán Vasântaka, con ropajes adecuados para el festival de la primavera.*)

REY.—(*Contemplando el panorama con deleite.*) ¡Amigo Vasântaka!

VASÂNTAKA.—¿Alteza?

REY.—El imperio ha sojuzgado a sus enemigos; los asuntos de estado están en manos de un sabio ministro; los pueblos, disipado todo su desasosiego, están siendo gobernados adecuadamente; tengo, además, a la primavera y te tengo a ti. Por ello creo que estas fiestas sólo de nombre lo son para Kâmadeva, el dios del amor, pues parezco ser yo a quien están dedicadas.

VASÂNTAKA.—(*Contento.*) ¡Oh, amigo y señor, ciertamente es así! Pero pienso, sin embargo, que esta gran festividad no es ni tuya ni del dios, sino mía tan sólo, de este insignificante brahmán que te habla. Contempla ahora el encanto de esta festividad del amor, que suscita nuestra curiosidad con el espectáculo de los hombres rodeados por mujeres embriagadas, danzando al ritmo de las jeringas con que unos a otros se arrojan agua de colores. Es una fiesta atractiva, porque en los cruces de los caminos resuena el eco de los cantos y de los tambores que repican sin cesar, teñidos los diez puntos cardinales de color dorado por los polvos aromáticos esparcidos por el ambiente.

REY.—(*Contento y mirando en derredor.*) La alegría de mis súbditos llega a su culminación. Parece todo él un tesoro dorado, por los polvos olorosos, por el azafrán que imita a la aurora, por el resplandor de los áureos adornos, por las guirnaldas de flores de *ashoka* sobre las cabezas de los hombres. Este pueblo está vestido como si se hallara cubierto de oro líquido y la ciudad de Kaushambî, cuya opulencia parece superar los tesoros del dios de la riqueza, se muestra semejante a una nube amarilla. Continuamente cambia de color el pórtico de la ciudad, como si se hallara pavimentado de bermellón, con el sendero que lleva hasta él del mismo color, inundado por todas partes por la corriente incesante de agua que vierten las fuentes, donde se juega con el barro que producen los pies de los transeúntes.

VASÂNTAKA.—(*Observando.*) Contempla, querido amigo, la jovialidad de los cortesanos, que también se deleitan con el silbido que produce el agua expelida de las jeringas con las que juegan las gentes.

REY.—(*Observando.*) Bien lo has observado, amigo. Pero esta multitud que juega con jeringas en forma de cabezas de serpientes, apenas perceptible entre el acumulado fulgor de perlas en medio de esta obscuridad producida por el polvo esparcido, me recuerda, por así decirlo, las regiones infernales.

VASÂNTAKA.—Mira, ¡oh, amigo y señor! Aquí está Madanikâ, con el aspecto de quien se halla bajo la influencia del amor, danzando una nueva danza y viniendo por este mismo camino con Chûtalitikâ.— (*Entran dos criadas, Madanikâ y Chûtalatikâ, representando un juego amoroso. Madanikâ canta.*) Ahora sopla el viento del sur, el valioso mensajero del dios de amor, cuyas armas son las flores, el viento que da flores al umbroso mango y mitiga la sensibilidad amorosa. Multitud de muchachas, por las que florecen el *vakula* y el *ashoka*, se consumen en el ardiente deseo de estar en compañía de sus amados y se siente incapaces de esperar. Este mes primaveral ablanda primero los corazones de las gentes y luego los desgarra con saetas de flores, que han hallado en ellos un blanco adecuado.

REY.—Este agradable goce ha llegado por obra de las mujeres a un límite excesivo. Así, los espléndidos cabellos, desordenados, compiten con la belleza de la guirnalda de esta embriagada muchacha, entregada al juego sin temor a que el movimiento revele sus pechos a la vista de los demás. Sus dos ajorcas, en a sus tobillos, producen un agudo sonido, como si sufrieran con el movimiento. Su collar golpea incesantemente su pecho, sacudido por el ritmo.

VASÂNTAKA.—Yo también honraré el festival de Madana [Kâmadeva], bailando entre estas jóvenes que han ceñido sus caderas.

REY.—(*Sonriendo*). Sea.

VASÂNTAKA.—Como vuestra majestad ordene. (*Se levanta y danza con Las criadas.*) Respetada Madanikâ, honrada Chûtalatikâ, enseñadme también a bailar esta pieza de *karkarî*.

LAS CRIADAS.—(*Riendo.*) ¡Estás engañado! Esto no es *karkarî*.

VASÂNTAKA.—Pues, ¿qué es entonces?

MADANIKÂ.—Es una es una pieza de un canto *dvipadî*.

VASÂNTAKA.—¡Vaya! Volveré al lado de mi amado señor. (*Se dispone a volver junto al Rey.*)

LAS CRIADAS.—.(*Cogiéndole por una mano.*) ¡Detente, desdichado! ¿Cómo vas a marcharte sin jugar? (*Tiran de Vasântaka—*)

VASÂNTAKA.—(*Liberando su mano, escapando y apro-ximándose al Rey.—*) Amigo, he sido obligado a bailar. No, no: en realidad he escapado después de haberme divertido.

REY.—Has hecho bien.

CHÛTALITIKÂ.—¡Vaya, Madanikâ! Nos hemos divertido ya durante mucho rato. Entreguemos ahora el mensaje de la señora al gran Rey.—

MADANIKÂ.—Chûtalatikâ, dices bien. Ven, apresu-rémonos.

LAS CRIADAS.—(*Acercándose.*) ¡Prospere el gran señor! La reina manda... (*Quedan turbadas, sin terminar la frase.*) No, no. La reina informa...

REY.—(*Lleno de alegría y sonriendo respetuosamente.*) ¡Vaya, Madanikâ! "Manda", es una palabra agradable, sobre todo hoy, en la fiesta del Amor. Así, pues, di qué es lo que manda la reina.

VASÂNTAKA.—¡Oh, tú, hija de una esclava! ¿Por qué dices "la reina manda"?

LAS CRIADAS.—La reina anuncia los siguiente: que hoy, en el jardín de placer de Makaranda, tributará culto al omnipotente dios del amor, que tiene flores por armas, y cuya imagen colocará en el árbol *ashoka* de rojas flores.

REY.—¡Amigo! ¿Será necesario decir que se avecina un nuevo festival, superior al presente?

VASÂNTAKA.—Si así lo creéis, levántemonos y vayamos allá, de suerte que me suceda algo también a mí que me haga pronunciar bendiciones. (*Salen.*)

AMARU

Amarushataka

Amaru o Amaruka, quizá el lírico indio más celebrado, es el autor de los poemas de amor titulados **Amarushataka** *("Cien estrofas de Amaru"). Se supone que vivió entre los siglos VII y VIII, según se desprende de las menciones de otros autores conocidos. Por lo demás, nada se sabe de su vida, aunque la leyenda cuenta que el espíritu del filósofo Shankara entró en el cuerpo muerto del rey Amaruka de Cachemira y, obteniendo de su trato con cien mujeres el conocimiento de los sentimientos amorosos, le hizo componer el poema.*

Pertenece al género literario denominado shataka *[centuria], especie de antología líricas que forman un conjunto preciso o aproximado de cien estancias. Esta colección de poemas eróticos sánscritos, una de las más famosas, ha llegado a nosotros en cuatro recensiones distintas. Su unidad de estilo la caracteriza como obra de un sólo autor y se considera que su contenido es totalmente original, siendo la obra pura creación y no compilación. El número de versos varía entre 96 y 115 y éstos describen de forma paulatina los estados mentales cambiantes de dos amantes en diversas etapas de su relación amorosa. Sin embargo, pese a su continuidad argumental, cada estrofa tiene un sentido propio y validez como poema independiente.*

El tratamiento del amor en esta obra es peculiar. No entra en el terreno de lo novelesco ni de la aventura, sino que todo transcurre en un plano muy cotidiano. Además, se describen con mucha mayor intensidad los sentimientos de las mujeres que los de los hombres. Se trata en estos poemas del poder de la mirada de una mujer enamorada, de enojos y caprichos, de abandonos, de citas furtivas, de los hala-

gos y las artes del amor, de las traiciones y los celos y del vocabulario y formas de expresión de los amantes.

AMARUSHATAKA
(Selección)

Los esposos
anegados por el torrente de su pasión
y contenidos por el dique
que representan los mayores de la casa,
incluso estando juntos
no pueden satisfacer sus deseos.
Se hallan uno frente a otro,
contemplándose como a un retrato,
bebiendo el néctar de las miradas amorosas
que les brindan los negros lotos de sus ojos.

*

No queda rastro de sándalo en tus pechos,
y el carmín se ha borrado de tus labios;
tus ojos ya no tienen colorido,
y tu delgado cuerpo
se halla estremecido de placer.
¡Oh, falsa amiga!
Sin considerar la pena
que me ocasionas,
¿has ido a bañarte en el lago
con mi amante traicionero?

*

Durante mi ausencia

se marchitó su rostro,
se tornó triste y pálido;
perdió su gracia y su coquetería
y sus cabellos estaban en desorden.
Pero en cuanto regresé
volvieron su encanto y su dulzura.
¿Cómo olvidar
que apasionadamente besé su boca,
mientras mi amada mostraba
orgullo por nuestro amor
y la excitación que le producían mis caricias?

*

Mi amada ya no se enfada
cuando suelto los pliegues de su *sârî*;
no frunce las cejas
si acaricio su cabello;
no se muerde sus labios
cuando la abrazo con pasión.
Ella misma me brinda su cuerpo
y no ofrece resistencia.
Mi hermosa amada
ha aprendido nuevas formas
de mostrar su enfado.

*

El falso se arrojó a sus pies
y ella, con la mente dominada
por las preocupaciones,
le rechazó sin decir una palabra.
Él fingió indiferencia
y se dispuso a partir.

Mas ella le detuvo con sus ojos,
enrojecidos por las lágrimas,
y embellecidos por la vergüenza.

*

Las manchas de bétel,
las negras marcas del áloe,
el aroma de las cremas,
los restos de laca de los pies,
las arrugas en la tela
y los pétalos caídos sobre el lecho
nos hablan de las posturas
que adoptaron la amada y su amado
durante sus momentos del placer.

*

Me citó en un lugar solitario.
"Tengo que hablarte", me dijo.
Sin maliciar nada
me senté a su lado
y le presté toda mi atención.
Murmurándome palabras al oído,
de repente me tomó por los cabellos,
aspirando el perfume de mi boca
Y yo, ¡oh. amiga!
ardientemente le besé en los labios.

*

Al sentir ella florecer la rosa
se apartó en seguida del tálamo
mientras él, con labios temblorosos,

le pedía un beso apasionado.
Ella, cubriéndose el rostro sonriente
con el extremo de su *sârî*,
le dijo: "No", moviendo la cabeza,
mientras temblaban suavemente
las joyas que adornaban sus orejas.

*

Le contempló largamente
con ojos tristes.
Juntando las manos
rogó y suplicó;
le retuvo por sus ropas
y le abrazó sin poder ya contenerse.
Pero el traidor a nada hizo caso
e, incapaz de sentir compasión,
se dispuso a partir.
Ella entonces
perdiendo todo apego a la vida
renunció al amor.

*

Viendo, por la mañana,
marcas de otros amores
en la frente de su amante,
manchas de laca de pies,
en el cuello señales de pulseras
y en la boca colirio de ojos,
ella sintió una terrible ira.
Mas sólo el loto que sostenía en la mano
fue testigo de su pena.

*

"De ahora en adelante
no me enfadaré con él,
ni siquiera pronunciaré el nombre
de ese traidor que envenena mi vida.
¿O acaso crees, querida amiga,
que no podré pasar sin él las noches
que sonríen con sus rayos de luna,
ni los días oscurecidos por las nubes
durante los monzones?"

*

Te disponías a abrazarme,
¡oh, traicionero amante!,
y escuchando el campanilleo
de las joyas que adornan
la cintura de mi amiga,
te separaste bruscamente de mis brazos.
¿A quién le contaré mi desdicha?
Ella no me presta atención,
intoxicada como está
por el dulce veneno de tus palabras.

*

La joven desposada,
viendo desierta la alcoba,
suavemente se levantó del lecho.
Tras contemplar por largo rato
el rostro de su esposo,
que se fingía dormido,
con atrevimiento le besó en la boca.

Pero al descubrir el rubor de sus mejillas,
bajó el rostro avergonzada.
Y entonces él, riéndose,
la cubrió de besos.

BHAVABHÛTI

Mâlatîmâdhava

A Bhavabhûti –cuyo verdadero nombre era Shrîkantha–, se le considera el mayor dramaturgo indio después de Kâlidâsa. Con él se cierra la época de florecimiento de la poesía artística y período clásico del arte poético indio y se inicia el postclásico. Vivió en la primera mitad del siglo VIII, fue poeta de corte del rey Yashovarman de Kannauj, quien le protegió activamente, y pertenecía a una familia de brahmanes, destacando por su erudición y formación humanística. Es autor de tres dramas conocidos – **Mahâviracharita, Uttararâmacharita** *y* **Mâlatîmâdhava–** *en los que muestra un insuperable dominio del sánscrito, una gran facilidad para suscitar emociones y gran habilidad en la creación de personajes complejos. La crítica mundial reconoce sus excelentes cualidades de escritor, de estilista y de poeta, aunque al parecer no fue especialmente famoso en vida, debido en parte cierta austeridad en su estilo y a la ausencia de humor en sus obras, lo que le apartó en cierta medida del gusto popular.*

*   **Mâlatîmâdhava** *("Mâlatî y Mâdhava") es un drama en diez actos, perteneciente al género denominado* prakarana *o drama de tema libre, cuyo asunto está tomado en parte de la colección de historias denominada* **Brihatkathâ**. *Trata de unos amores dificultosos entre Mâdhava, un estudiante, y Mâlatî, hija de un ministro. La pareja protagonista sufre por la enemistad del favorito del rey, que pretende desposarse con la joven, teniendo lugar una gran sucesión de peripecias. Tras muchas vicisitudes estos amores llegan a un desenlace feliz, mediante la intervención de un monje budista.*

La obra destaca por la viva y verdadera expresión del senti-
miento de amor, así como por fuertes contrastes argumentales, como
un aquelarre que se muestra escénicamente en la obra. En el prólogo
a la misma el autor expone por boca del narrador, su visión particu-
lar del arte dramático. Los elementos esenciales de los argumentos
escénicos son para Bhavabhûti los siguientes: enredos, pasiones, exal-
tación de la amistad, amor y aventuras.

ACTO PRIMERO

(Entra Kâlâhansa, con un lienzo y otros materiales.)

KÂLÂHANSA.—¿Dónde podré encontrar a mi señor, Mâdhava, que ha encantado el corazón de Mâlatî con
su aspecto, más bello que el de dios del amor? Me hallo
cansado: descansaré en el jardín durante unos instantes y
luego iré a ver a mi señor Mâdhava. *(Se sienta. Entra Maka-*
randa.)

MAKARANDA.—Avalokitâ me dijo que Mâdhava
había ido al jardín de Madana [Kâmadeva]. Allí iré yo,
pues. Felizmente veo que mi amigo se encamina hacia
aquí. Pero su paso es lento, su mirada vacía y ha perdido
su gracia, mientras que su respiración parece acelerada.
¿Cuál será la causa? Las órdenes del dios del amor gobiernan al mundo y los jóvenes son susceptibles de adorar las
cosas bellas que en él se encierran. *(Entra Mâdhava.)*

MÂDHAVA.—*(Aparte.)* Mi corazón, tras morar en
ella durante un tiempo, como la luna, tras vencer a la vergüenza, abandonar las formas y perder su fortaleza, ha regresado a mí. ¡Qué maravilla! Este corazón mío, que estu-
vo atónito en su presencia y que no tiene ya ningún otro
sentimiento, me quema como si fuera una brasa.

MAKARANDA.—¡Estoy aquí, querido Mâdhava!

MÂDHAVA.—*(Acercándose.)* ¡Querido Makaranda!

MAKARANDA.—Mâdhava, el sol arde y quema nuestras frentes. Sentémonos durante un rato en este jardín.

MÂDHAVA.—Como tú quieras.

KÂLÂHANSA.—(*Viéndoles.*) Mâdhava adorna con su presencia este jardín de árboles *bakula* acompañado de Makaranda.— Le enseñaré este retrato suyo, bálsamo para los ojos de Mâlatî, atormentada por las penas del amor. O mejor le dejaré antes reposar unos instantes.

MAKARANDA.—Sentémonos bajo este árbol *kânchanâra* que ha perfumado el jardín con el aroma de sus flores. (*Lo hacen.*) Querido Mâdhava, después de que has vuelto de la feria de Madana [Kâmadeva], del festival que allí se celebra, te veo cambiado. ¿Has sido blanco de las flechas del dios del amor? (*Mâdhava asiente, bajando la cabeza. Makaranda sonríe.*) ¿Por qué bajas tu mirada y escondes tu rostro de loto? El dios surgido de la mente, el dios del amor, de conocido poder, es el creador del universo y el dios supremo. No debemos avergonzarnos de obedecerle.

MÂDHAVA.—¿Por qué he de ocultarlo? Escucha. Fue Avalokitâ quién despertó mi curiosidad, que me hizo acudir al templo del dios del amor. Estuve paseando y me senté a descansar cerca de un árbol *bakula* que crecía en el patio y lo embellecía con sus flores y con las abejas que volaban a su alrededor. Tras recoger flores de las que habían caído, comencé a tejer con ellas una guirnalda. Entonces, del interior del templo salió una doncella que parecía hacer ondear ante el mundo la bandera del dios del amor, proclamando su victoria por doquier. Su pudorosa manera de vestir indicaba su virginidad, su aspecto era noble y varias criadas la servían. Ella es la guardiana del tesoro de la belleza, la depositaria universal del encanto. Es la ambrosía, los tallos de loto, la luz de la luna y la más fiel sirvienta de su amo, Amor. Las criadas que iban con ella la requirieron para que se acercara al árbol a por flores. Entonces pude observar en ella los efecto de una pasión por algún afortunado que la debía de consumir, porque su cuerpo estaba lánguido, hacía los movimientos con gran dificultad y sus mejillas tenían el color pálido de la luna sin mácula. Desde el primer momento en que la vi su imagen fue una delicia para mis ojos y entró en mi corazón con la fuerza en que el imán atrae a la aguja de hierro. Me sentí obsesionado por ella sin saber la causa y abocado a los tormentos del amor sin poder evitarlo, pues es la diosa del destino la que hace que las criaturas gocen o sufran.

MAKARANDA.—Amigo Mâdhava, las obsesiones de amor no necesitan tener causa visible. Las causas internas relacionan a los objetos. pero el amor no necesita de causas externas: el loto florece con la salida del sol y la piedra lunar se humedece con la salida de la luna. ¿Qué sucedió a continuación?

MÂDHAVA.—Con un gesto de sus ojos, tras decir "Es él" y me miró como si me reconociera. Entonces sus amigas se fijaron en mí y sonrieron. Luego se volvieron, haciendo sonar sus brazaletes con sus manos como lotos y produjeron un sonido musical con los cascabeles de sus cinturas. Y señalaron en mi dirección con sus delicados dedos, diciendo: "¡Oh, hija de nuestro señor, la fortuna nos ha favorecido! He aquí a alguien que es posesión de alguien."

MAKARANDA.—(*Aparte.*) Esta es la manifestación de un amor ya maduro.

KÂLÂHANSA.—(*Escuchando.*) Esta conversación sobre mujeres y sentimientos es muy agradable.

MAKARANDA.—¿Qué pasó a continuación?

MÂDHAVA.—Y entonces quedaron manifiestas las enseñanzas del dios del amor por parte de la doncella de ojos de loto, cuya maravilla trasciende la capacidad de la palabra y cuya dulce confusión cambia las emociones y acaba con la fortaleza. Entonces fui objeto de sus miradas lentas, amorosas, en las que las pupilas brillaban debido a su fuego interno y que dejaron a mi corazón todavía más desvalido. Aunque estaba agitado al conocer los sentimientos que podían inferirse de aquella conducta, quise ocultar mi turbación y acabé la guirnalda de flores que había comenzado. Luego, tras la llegada de los guardias, principalmente eunucos con diversas armas, la del rostro de luna montó en un elefante y adornó con su presencia el camino que conduce a la ciudad. Mientras se alejaba, volvía repetidamente la cabeza y sus miradas eran como un delicioso veneno que iba penetrando en mi corazón. Desde aquel momento me aflige este sentimiento que no se puede expresar, que yo nunca había sentido y que me ha privado por completo de discernimiento. Aunque veo un objeto no lo puedo distinguir correctamente y hasta las cosas conocidas me son difíciles de reconocer. Ni el agua helada puede aliviar la fiebre de mi tormento y mi mente ha perdido la fijación y vaga de pensamiento en pensamiento sin poder concentrarse.

KÂLÂHANSA.—Ciertamente una mujer le ha enamorado de firme. ¿Será la misma Mâlatî?

MAKARANDA.—(*Aparte.*) ¿Debo intentar hacer olvidar a mi amigo este amor? Pero el decirle que no permita que el dios del amor le posea es un consejo que de nada vale ya, porque esta deidad ya se ha apoderado de él. (*En voz alta.*) ¿Conoces su familia y nombre?

MÂDHAVA.—Escucha, amigo. Mientras montaba en el elefante, una de sus amigas se me acercó y me dijo lo siguiente: "¡Noble joven! Las flores que tejes son bellas por el hilo que las une. La unión de Mâlatî y Mâdhava lo es también por las virtudes que a ambos os adornan y nuestra ama tiene curiosidad por esa guirnalda que tejes, ya que tu forma de hacerlo le es desconocida. Por los tanto permite que lo que han hecho tus manos sirva para adornar el cuello de nuestra señora, como si tus brazos, llenos de amor, lo rodearan."

MAKARANDA.—¡Qué hábil manera de expresarse!

MÂDHAVA.—Cuando le pregunté, me dijo: "Es la hija del ministro Bhûrivasu, de nombre Mâlatî. Yo soy la hija de su nodriza, me llamo Lavângikâ y soy la favorita de mi señora."

KÂLÂHANSA.—¿Qué nombre dijo? ¿Mâlatî? ¡Magnífico! El dios del amor ha ejercido su influencia y hemos logrado nuestro objetivo.

MAKARANDA.—Hemos de honrarla, pues es hija de tan alto personaje. Además, Su Excelencia Kâmandakî siempre habla muy bien de Mâlatî. (*Aparte.*) Y se dice que el rey la ha pedido para ser esposa de Nandana.

MÂDHAVA.—Entonces yo me quité la guirnalda de flores de mi cuello y se lo entregué a ella. Aunque la guirnalda no estaba bien hecha, porque me distraje al hacerla contemplando el bello rostro de Mâlatî, ella la aceptó como un gran favor. Cuando se perdió entre la multitud, yo regresé.

MAKARANDA.—Amigo, éste es un suceso feliz, ya que Mâlatî ha descubierto también su amor. Y es claro que este amor, que hace empalidecer sus mejillas, está dirigido a ti. Lo que no sé es dónde pudo verte. Sin embargo, las palabras "He aquí algo de alguien", así como sus palabras de doble sentido indican su amor.

KÂLÂHANSA.—(*Acercándose.*) Y esto también. (*Muestra la pintura.*)

MAKARANDA.—Kâlâhansa, ¿quién ha dibujado este retrato de Mâdhava?

KÂLÂHANSA.—La que le ha robado el corazón,

MAKARANDA.—¿Mâlatî?

KÂLÂHANSA.—Sí.

MÂDHAVA.—Makaranda, tus conjeturas parecen ser ciertas.

MAKARANDA.—Kâlâhansa, ¿dónde has obtenido esto?

KÂLÂHANSA.—De las propias manos de Mandârikâ. Y a ella se lo dio Lavangikâ.

MAKARANDA.—¿Y qué intención dijo Lavangikâ que tenía Mâlatî al hacer el retrato?

KÂLÂHANSA.—Distraerse de su deseo.

MAKARANDA.—Querido Mâdhava, consuélate. Tu noble persona ha sido el objeto del deseo de que la que es como luz de luna para tus ojos. Por lo tanto, ¡oh, amigo!, no cabe duda de que tendrá lugar vuestra unión, protegida por el destino y por el dios del amor. Y el aspecto de ella que te ha enamorado debe ser digno de verse. Por ello, píntanos aquí a Mâlatî.

MÂDHAVA.—Como desees, amigo. Traedme el lienzo y los pinceles. (*Makaranda se los acerca. Mâdhava comienza a pintar.*) Amigo Makaranda, las lágrimas impiden ver a mis ojos; mi cuerpo se paraliza cuando la imagino en mi mente; y cuando intento pintarla, mi mano perspira y comienza a temblar de manera incesante. ¿Qué puedo hacer? Sin embargo, lo estoy intentando. (*Tras un largo rato acaba el dibujo y lo muestra.*)

MAKARANDA.—(*Observando atentamente el dibujo.*) Tu amor está en ella bien empleado. ¡Ah! Has compuesto y escrito aquí también un dístico. (*Lo lee.*) "Hay cosas en el mundo que, como la luna, de naturaleza dulce y victoriosa, producen júbilo a la mente. Pero cuando ella, la luz de luna de mis ojos, se muestra ante mi mirada, ésa es la única ocasión de exquisito placer para mí." (*Entra rápidamente Mandârikâ.*)

MANDÂRIKÂ.—Kâlâhansa, he estado siguiendo tus pasos. (*Viendo a Mâdhava y a Makaranda.*) ¡También están aquí estos dos magnánimos caballeros! (*Acercándose.*) Os saludo.

MAKARANDA.—Siéntate aquí, Mandârikâ.

MANDÂRIKÂ.—(*Sentándose.*) Kâlâhansa, acércame ese lienzo.

KÂLÂHANSA.—Tómalo.

MANDÂRIKÂ.—(*Contemplándolo.*) Kâlâhansa, ¿quién ha dibujado aquí a Mâlatî y con qué propósito?

KÂLÂHANSA.—Lo ha hecho aquel que fue a su vez dibujado por Mâlatî, y con el mismo propósito.

MANDÂRIKÂ.—(*Alegre.*) ¡Gracias sean dadas al destino! La habilidad del Creador ha dado aquí sus frutos.

MAKARANDA.—Mandârikâ, ¿es verdad lo que tu amiga dice sobre este asunto?

MANDÂRIKÂ.—Sí lo es, noble señor.

MAKARANDA.—¿Dónde vio Mâlatî a Mâdhava?

MANDÂRIKÂ.—Lavangikâ dice que le vio, hallándose en la ventana.

MAKARANDA.—Amiga, nosotros pasamos frecuentemente por el camino cercano a la mansión del ministro. Por lo tanto, es muy probable.

MANDÂRIKÂ.—Me permitirán ahora que yo comunique esta bella gesta del dios del amor a mi querida amiga Lavangikâ.

MAKARANDA.—Sí, es lo más adecuado. (*Mandârikâ sale llevándose el lienzo.*) Amigo, el divino sol, son sus hirientes rayos, adorna ya la mitad del cielo. Vamos, marchemos a casa. (*Se levantan y caminan.*)

MÂDHAVA.—Esto es lo que pienso ahora: los regueros de sudor han borrado de las mejillas de mi amada los dibujos hechos con pasta de azafrán. Sin embargo, la brisa, con la fragancia que toma de los cálices de las flores de *kunda* tocan cada parte de mi cuerpo tras haber tocado el suyo.

MAKARANDA.—(*Aparte.*) ¡Cómo castiga cruelmente el irresistible dios del amor a Mâdhava, que tiene un cuerpo delicado! Lo hace como las fiebres malignas atacan a los elefantes. Habremos de recurrir a la reverenciada Kâmandakî para que nos ayude en este asunto.

MÂDHAVA.—(*Aparte.*) La veo con su semblante semejante a un florecido loto dorado, con sus ojos fijos en mí y, sin embargo, separándose de mí lentamente, colocándose detrás de mí, delante, dentro y fuera de mi ser y a mi alrededor. (*En voz alta.*) Amigo, una fiebre destructiva se ha apoderado de mi cuerpo; un estupor poderoso le quita la percepción a mi corazón, produciéndome un tormento incesante, haciéndole arder internamente y haciéndole también uno con ella. (*Salen los dos.*)

LITERATURA PURÁNICA

Shiva Purâna

El **Shiva Purâna** *es uno de los ocho grandes* **Purâna** *o libros de tradiciones mitológicas indias. Está dedicado al dios Shiva y es quizá el más importante y completo del ciclo. Se encuentra dividido en doce* samhitâ *o colecciones: Vidyeshvara, Rudra, Vaináyaka, Auma, Mâtri, Rudraikâdashaka, Kailâsa, Shatarudra, Kotirudra, Sahasrakotirudra, Vâyavîya y Dharma.*

Además de los mitos, el libro explica el trasfondo filosófico del ritual shivaíta, en el que Shiva es el principio eterno. En él se describen diversas formas de adoración del dios. Hace hincapié en la fuerza del linga, el símbolo fálico shivaíta, como elemento de meditación e instrumento de perfeccionamiento, no hallándose referencias a su connotación sexual o fecundativa. En su descripción de la creación Shiva ocupa el lugar de protector que generalmente se le concede a Vishnu. Incluye leyendas sobre veintiocho encarnaciones del dios. Aunque incluye algunas leyendas más antiguas, es comparativamente moderno (no anterior al siglo IX) en la mayoría de su contenido, mostrando una gran influencia del tantrismo. Entre sus muchos temas merece destacarse la mística oculta del shivaísmo, especialmente en lo referente al linga [símbolo fálico] *y al culto a la diosa.*

VIDYESHVARASAMHITÂ VI, 8

Nandikeshvara narró lo siguiente:

Hace mucho tiempo, ¡oh, supremo entre los ascetas!, Vishnu se hallaba dormitando sobre la serpiente que le sirve de lecho. Junto a él estaban la diosa de la fortuna y sus servidores. Brahmâ, el supremo entre los dioses védicos llegó casualmente allí y le preguntó a Vishnu, el hermoso dios de los ojos de loto, quién era.

—¿Quién es el que permanece acostado aun después de verme? Levántate y reverénciame, pues soy tu Señor y he venido a tu presencia. Para aquellos que no reverencian a sus superiores en rango y edad, hay estipulados castigos y ritos expiatorios.

Al escuchar estas palabras Vishnu se enfureció. Pero asumiendo una apariencia de calma exterior dijo:

—Te saludo. ¡Seas bienvenido! Siéntate, por favor, junto a mí. ¿Por qué está agitado tu rostro y enrojecidos tus ojos?

Brahmâ dijo:

—¡Oh, Vishnu! He llegado hasta ti con la rapidez del tiempo. He de ser honrado, porque soy el señor de los mundos. Soy, además, tu abuelo y tu protector.

Vishnu contestó:

—Yo soy el que contiene en sí todo el universo y tu manera de actuar se asemeja más a la de un ladrón. Tú naciste del loto que surgió de mi ombligo. Tú eres mi hijo y tus palabras anteriores carecen de sentido.

Comenzaron a discutir entre sí, diciendo que cada uno de ellos era superior al otro y se mostraban dispuestos a luchar, como dos carneros deseosos de matarse el uno al otro.

Las dos heroicas deidades, montados en el cisne y en el águila —sus vehículos respectivos— comenzaron a luchar. Sus seguidores también se enfrentaron, mientras diferentes grupos de dioses llegaban en carros celestes para presenciar el impresionante combate. Desde los cielos arrojaban flores a los dos contendientes. Vishnu, el dios que monta en el águila Garuda, estaba enfurecido y arrojaba innumerables flechas y otras armas sobre el pecho de Brahmâ. Los dioses que presenciaban la lucha estaban muy agitados.

Vishnu, en su cólera, respiró hondo y arrojó sobre Brahmâ su poderosa arma llamada Mâheshvara. Brahmâ reaccionó y utilizó su arma Pâshupata, golpeando el pecho de Vishnu. El arma, brillando en el cielo como cien mil soles, hirió los vientos con sus miles de puntas. Las dos armas de los dioses chocaron con un estruendo ensordecedor.

Tal era la lucha entre Brahmâ y Vishnu. Entonces, los dioses, agitados, conferenciaron entre ellos como hacen las gentes cuando sus monarcas están en guerra. Y dijeron que Shiva, el dios del tridente, es el Espíritu Supremo, es la causa de la creación, la aniquilación y la bendición de los mundos. Sin su permiso no puede cortarse ni un brizna de hierba. Y entonces decidieron ir a la morada de Shiva, la cima del monte Kailâsa, donde reside el dios.

Cuando divisaron la región del dios supremo, que tiene la forma de la sílaba mística "Om", agacharon sus cabezas en señal de reverencia y entraron en el palacio. Vieron allí al señor supremo de los dioses, resplandeciente en compañía de Umâ [Pârvatî], sentado sobre un altar en medio de la sala. Su pierna derecha descansaba sobre su otra rodilla; sus manos de loto estaban sobre sus piernas y sus servidores le rodeaban. Todos sus rasgos eran de increíble belleza. Hermosas sirvientas le abanicaban, mientras el dios repartía a todos sus bendiciones.

Contemplando esto, los dioses lloraron de regocijo y todos ellos se arrodillaron ante El, incluso los que se hallaban a gran distancia. El dios, viéndoles, les hizo acercarse. Causando supremo placer a los dioses, Shiva les dirigió estas palabras:

—Queridos hijos, sed bienvenidos. Espero que el universo y sus deidades cumplan sus deberes en paz, bajo mi protección. Ya me es conocido el enfrentamiento entre Brahmâ y Vishnu. Pero no necesitáis preocuparos más por ello.

Con estas dulces palabras, el esposo de Ambâ [Shiva] consoló a los dioses, sonriéndoles. Entonces el dios anunció su deseo de ir al campo de batalla donde luchaban Hari [Vishnu] y Brahmâ y dio orden a sus huestes de que le siguieran.

La partida del dios se anunció con la música de cientos de instrumentos. Los comandantes de su ejército se hallaban preparados y sentados en sus respectivos vehículos. El consorte de Ambikâ [Pârvatî], montado en un carro con forma de "Om" y embellecido con cinco anillos circulares iba acompañado por sus hijos y su guardia. Indra y los demás dioses le seguían. El Señor de los animales [Shiva], acompañado por banderas de varios colores, grandes abanicos, flores, músicos, bailarines e instrumentos y por la diosa Pârvatî, se dirigió al campo de batalla con todo su ejército.

Al llegar y presenciar el combate, el dios se desvaneció en el firmamento. Las músicas dejaron de sonar y el tumulto de las huestes cesó.

En el campo de batalla Brahmâ y Achyuta [Vishnu], deseosos de acabar el uno con el otro, aguardaban el resultado del choque de sus armas Mâheshvara y Pâshupata. Las llamas que emitían dichas armas abrasaban a los mundos.

Viendo la inminente disolución del universo, la forma incorpórea de Shiva asumió la forma terrible de una inmensa columna de fuego.

Las dos armas capaces de destrozar los mundos fueron absorbidas por la columna de fuego, que se manifestó de inmediato. Las dos deidades rivales, viendo el maravilloso fenómeno que había hecho desaparecer sus armas, se dijeron: "¿Qué es esto que tenemos ante nuestros ojos? ¿Qué es esta columna de fuego que se eleva ante nosotros? Está más allá del alcance de los sentidos. Hemos de hallar su principio y su final."

Los dos dioses, decidieron de inmediato detener su combate y averiguar el origen del fenómeno.

—Nada averiguaremos si continuamos juntos —dijo Vishnu. Y asumió la forma de un jabalí, precipitándose a las profundidades de la tierra en búsqueda del origen de la columna de fuego.

Brahmâ tomó la forma de un cisne y marchó hacia arriba, para encontrar el final de la misma.

Pese a haber traspasado todos los mundos subterráneos y haber llegado a grandes profundidades, Vishnu no consiguió llegar hasta el principio de la columna de energía. Exhausto, regresó al campo de batalla.

Mientras tanto Brahmâ, que se había dirigido hacia lo alto, vio caer de forma misteriosa a unas flores de *ketakî*. Shiva había reído y movido la cabeza al ver la pelea entre los dioses, y con el movimiento las flores habían comenzado a caer. Aunque habían estado cayendo durante muchos años no habían perdido su fragancia ni su color.

—¡Oh, diosa entre las flores! —dijo Brahmâ, dirigiéndose a ellas—. ¿De dónde caéis? Yo he venido aquí a alcanzar la parte superior de esta columna de fuego.

—Caigo desde la mitad de esta columna inescrutable —respondió la flor—. He tardado mucho en llegar aquí y, por tanto, no creo que puedas llegar a la parte de arriba.

—Entonces, cuando estés en presencia de Vishnu —dijo Brahmâ— debes decir que yo he alcanzado a ver su parte superior y que tú eres testigo de ello.

Diciendo esto, Brahmâ se inclinó repetidamente ante la flor, suplicando que le concediera ese deseo. En momentos de peligro, hasta los textos recomiendan la mentira.

Cuando regresó a su punto de partida, Brahmâ, viendo a Vishnu extenuado y con triste semblante, se regocijó. Vishnu admitió su fracaso, porque no había llegado a ver el principio de la columna. Pero Brahmâ, en cambio, dijo lo siguiente:

—¡Oh, Hari [Vishnu]! Yo sí he visto su final. Esta flor de *ketakî* puede atestiguarlo.

La flor repitió la mentira de Brahmâ y Vishnu, creyéndola, adoró a Brahmâ y le reconoció como superior. Le adoró mediante los dieciséis ritos tradicionales.

En aquel momento el dios Shiva tomó una forma visible para castigar la mentira de Brahmâ y salió de la columna de fuego. Al contemplar al dios, Vishnu comenzó a temblar y se arrojó a sus pies. Dijo entonces:

—Ha sido nuestra ignorancia la que nos ha llevado a intentar buscar el principio y el fin de aquello que es eterno e infinito. Por ello, ¡oh, gran dios!, perdónanos nuestra falta. Lo sucedido aquí ha sido todo parte de tu juego divino.

Entonces Îshvara [Shiva] dijo:

—Amado Vishnu, estoy complacido con tu comportamiento, porque te ceñiste a la verdad, pese a tu deseo de ser un dios superior. Por ello, tendrás entre las gentes un rango semejante al mío y se te honrará y adorará por todas partes. Se te rendirá culto separado y tendrás tus propios templos, ritos y festividades.

Así, el dios quedó contento con la honestidad de Hari [Vishnu] y le ofreció una posición igual a la suya, ante las deidades, que fueron testigos.

Luego Mahâdeva [Shiva] produjo en su frente un ser sobrenatural, Bhairava, para castigar la soberbia de

Brahmâ. Bhairava se arrodilló ante su creador en el campo de batalla y pregunto:

—Mi señor, ¿qué he de hacer? Dame pronto tus órdenes.

—Aquí está Brahmâ, la primera deidad del universo. Adórale con tu afilada espada —fue la respuesta.

Con una de sus manos, Bhairava agarró a Brahmâ por el cabello de su quinta cabeza, culpable de falsedad, y levantó la espada, dispuesto a cercenarla. Brahmâ tembló como una planta en medio de un tornado, sus joyas se le cayeron, sus ropas se enredaron y él cayó a los pies de Bhairava.

Mientras tanto, el amable Achyuta [Vishnu], deseoso de salvar a Brahma, derramó lágrimas sobre los pies de loto de Shiva y, con las palmas de la manos unidas en reverencia, suplicó:

—Señor, fuiste tú quien le diste hace mucho tiempo cinco cabezas, como un símbolo especial. Por favor, perdona su pecado. Sé compasivo.

Así requerido, el dios, en presencia de todas las deidades, dijo a Bhairava que no castigase a Brahmâ. Luego se volvió a éste, que tenía la cabeza agachada, y le dijo:

—¡Oh, Brahmâ! Para conseguir ser adorado has recurrido a malas artes. Por lo tanto no serás honrado por las gentes ni tendrás ningún templo ni festividad.

Brahmâ contestó:

—¡Como tú digas! Considero como un don el que me perdones y te rindo pleitesía a ti, el Señor de todo, el originador del universo, el sustentador, el que perdona las faltas, el benevolente.

Shrîmad Bhâgavata

El **Shrîmad Bhâgavata** *se conoce también como* **Bhâga-vata Purâna**. *Se compiló en el siglo X y consta de 18.000 versos, divididos en 12* skhanda *o capítulos. Aunque no se conoce el autor, algunos críticos lo atribuyen al famoso gramático bengalí Vopadeva.*

Es uno de los **Purâna** *dedicados al dios Vishnu, especialmente a su octava encarnación como Krishna, aunque en el texto se narran las otras. También se trata en detalle la teoría de las eras y especialmente se describe la denominada Kaliyuga.*

Es el texto más importante de la tradición devocional vaishnava *o vishnuita y muchos de los seguidores del dios recitan diariamente el capítulo décimo. También fue fuente de inspiración para muchas obras literarias. Es, además, importante por su estilo elaborado y su métrica y forma de versificación se asemeja mucho al* **Vishnu Purâna**.

HISTORIA DEL REY VENA

El gran sabio Maitreya continuó: ¡Oh, gran Vidura!, los sabios, con Bhrigu a la cabeza, siempre pensaban en el bienestar del pueblo. Cuando vieron que en ausencia del rey Anga no había quien protegiese sus intereses, comprendieron que, sin alguien que las rigiese, las gentes dejarían de respetar la ley.

Los sabios llamaron entonces a Sunîthâ, la reina madre, y, con su aquiescencia, coronaron a Vena como señor del reino, aunque los ministros no estuvieron de acuerdo.

Todos conocían la crueldad y severidad de Vena y en cuanto se supo que había sido elevado al trono, los maleantes del país se asustaron y se ocultaron donde pudieron, como ratones que se esconden de la serpiente.

Al acceder al trono, el rey vivía en la opulencia y era todopoderoso, lo que le hizo volverse demasiado orgulloso. Comenzó a considerarse el supremo de los hombres y a maltratar a los grandes de su reino.

Cegado por su poder, el rey Vena recorrió todo su reino haciendo temblar a los cielos y a la tierra, como un elefante enloquecido.

A partir de ese momento prohibió a los brahmanes celebrar sacrificios, hacer actos de caridad y emplear mantequilla clarificada en las ofrendas. De este modo el rey Vena acabó con todos los rituales religiosos.

Los sabios se reunieron, tras observar las atrocidades del cruel Vena, y llegaron a la conclusión de que un gran peligro se cernía sobre el mundo. Comenzaron a hablar de ello, pues ellos mismos también hacían sacrificios.

Después de deliberar coincidieron en que las gentes se hallaban atrapadas entre dos peligros. Cuando un leño arde por sus dos extremos, las hormigas que están en la parte central se encuentran en una situación muy peligrosa. De la misma manera, el pueblo se hallaba entonces entre un rey tirano y las hordas de maleantes.

Los sabios habían nombrado rey a Vena para solucionar una crisis política a pesar de su falta de cualidades, pero ahora el propio rey era la causa de perturbación. En tales circunstancias, ¿cómo podían las gentes ser felices?

Los sabios consideraron que el rey era malvado por naturaleza y que apoyarle era como dar leche a una serpiente, pues él se había convertido en el origen de los males del reino.

Habían elegido a Vena para que protegiera al pueblo, pero ahora se veían en la necesidad de cambiar su conducta, con la esperanza de no tener que sufrir los resultados de sus malas acciones.

Pensaron, además, que conocían la maldad de su naturaleza. Si no podían convencer al rey Vena para que cambiara de actitud, el pueblo mismo se rebelaría contra él y ellos apoyarían esta revuelta.

Habiendo tomado esa decisión, los sabios se dirigieron a la presencia del Rey.—

Disimulando su enfado, le hablaron con amables palabras de la siguiente manera:

"Amado soberano, hemos venido a aconsejarte. Escúchanos con mucha atención y ello aumentará tu vida, tu riqueza y tu fama."

"Los que viven según los principios de la religión y los cumplen con sus palabras, su mente, su cuerpo y su inteligencia, consiguen llegar a los reinos celestiales, se liberan de la influencia de la materia y obtienen una felicidad sin límites."

Los sabios continuaron: "¡Oh, gran héroe! Por ello no debes provocar que se reduzca la actividad espiritual de tu pueblo. Si lo haces, perderás de seguro su rango real."

"El rey que protege a sus súbditos de ministros malvados, ladrones y maleantes tiene derecho por ello a los tributos de su pueblo y, de este modo, puede disfrutar de este mundo y de la vida que hay tras la muerte."

"Se considera justo y piadoso a un rey cuando en su reino se observa estrictamente el sistema de ocho órdenes sociales y cuando todos los ciudadanos adoran a Dios y le ofrendan con sus respectivas labores."

"Oh, alma noble!, si el rey hace que se adore a Dios, que es la causa original de la manifestación cósmica, el alma universal que está en el interior de todos nosotros, entonces Dios se siente satisfecho."

"El Ser Supremo es adorado por los semidioses que controlan los mundos. Cuando Él está satisfecho, no hay nada imposible. Por ello las deidades que gobiernan los distintos planetas y los habitantes de éstos se complacen ofreciendo todo tipo de artículos para adorarle."

"Amado rey, el Ser Supremo es quien disfruta de todos los sacrificios que se llevan a cabo en todos los planetas. Él es la esencia misma de los tres *Veda*, el objetivo final de toda austeridad. Por esa razón, tu pueblo debe hacer sacrificios y tú debes alentarle a ello."

"Cuando los brahmanes de tu reino celebren sacrificios, los dioses estarán satisfechos y te concederán lo que desees. Por tanto, ¡oh, héroe!, no impidas las ceremonias, faltando al respeto a los dioses."

El rey Vena contestó: "Sois completamente ignorantes. Llamáis religión a lo que no lo es. Abandonáis a vuestro verdadero esposo, que es quien os mantiene, y buscáis neciamente otro amante."

"Los que en su ignorancia no adoran al rey, que es el verdadero reflejo de Dios, no obtienen la felicidad ni en este mundo ni en los otros."

"¿Por qué tanta devoción por los dioses? Vuestro amor a ellos es exactamente como el amor a una mujer infiel que desatiende su hogar y se dedica por completo a su amante."

"Vishnu; Brahmâ; Shiva; Indra; Vâyu, el señor del aire; Yama, el dios de la muerte; el dios del Sol; el regente de las lluvias; Kuvera, el dios de la riqueza; el dios de la Luna; la deidad regente de la Tierra; Agni, el dios del fuego; Varuna, el señor de las aguas, y todos los demás grandes dioses que pueden bendecir y maldecir, todos moran en el cuerpo del Rey.— Por esta razón se dice que el rey es el receptáculo de todos los dioses."

El rey Vena continuó: "Por ello, ¡oh, brahmanes!, debéis adorarme a mí y, en vuestros rituales, hacerme toda clase de ofrendas. Debéis saber que no hay nadie superior a mí ni que merezca más que yo las ofrendas de vuestros sacrificios."

El gran sabio Maitreya continuó narrando: De esta forma, el rey perdió todo el buen sentido, debido a su vida pecaminosa y a haberse desviado del camino correcto, lo que le privó de su inteligencia. No accedió a las peticiones que los sabios le habían hecho y, por ello, se condenó.

Querido Vidura, el necio rey, que se consideraba muy inteligente, insultó de este modo a los sabios, quienes se irritaron mucho con él.

Tras escuchar al rey, los sabios gritaron: "¡Matadle! ¡Matadle! Es el ser más vil y pecador. Si continúa viviendo reducirá el mundo a cenizas."

Los sabios dijeron: "Este hombre impúdico no es digno de sentarse en el trono. Se ha atrevido incluso a insultar al Ser Supremo."

"¿Qué otro se atrevería a blasfemar del Ser Supremo, por cuya misericordia reciben los hombres todo tipo de bondades y bienes?"

Manifestando de este modo su enfado, los sabios decidieron acabar con el rey, que lo había merecido por su blasfemia. Así, sin emplear arma alguna, los sabios mataron al rey con el penetrante sonido de sus fórmulas invocatorias mágicas.

Cuando los sabios hubieron regresado a sus ermitas, Sunîthâ, la madre del rey Vena, afligida por la muerte de su hijo, decidió preservar su cuerpo, tratándolo con unos ungüentos especiales y recitando fórmulas mágicas.

Al cabo de poco tiempo, los sabios coincidieron en su baño en el río Sarasvatî, y, tras cumplir sus deberes diarios ofreciendo oblaciones en el fuego, sentados a orillas del río, comenzaron a hablar acerca del Ser Supremo y de su juego en el universo.

En el país se vivía una atmósfera de agitación que sumía a las gentes en el pánico. Por ello, los sabios se pusieron a deliberar: "Como el rey está muerto y no hay quien proteja a las gentes, los maleantes pueden hacer sufrir al pueblo."

Mientras deliberaban, los sabios vieron una tormenta de polvo que venía de todas las direcciones y que era el polvo que levantaban los caballos de los bandidos que asaltaban y saqueaban a los ciudadanos.

La tormenta de polvo indicó a los sabios que, debido a la muerte del rey, se estaban cometiendo muchos desafueros. Sin gobernantes, en el estado no había ni ley ni orden y los criminales despojaban a las gentes de sus riquezas. Aunque los sabios podían haber cambiado esta situación con sus poderes mágicos, no lo consideraron correcto.

Los sabios decidieron que los brahmanes, aunque sean ecuánimes, pacíficos e imparciales, también han de ser capaces de no ignorar las necesidades de los pobres humanos. De otra manera, perderían su poder espiritual, como se pierde el agua en un cántaro resquebrajado.

Los sabios decidieron que no debía interrumpirse el linaje del santo rey Anga, pues era una dinastía de semen poderoso, en la que los niños nacían con una inclinación natural a la vida espiritual.

Tras tomar una decisión, los sabios agitaron con fuerza los muslos del cuerpo muerto del rey Vena, según un método determinado y, como resultado de ello, del cuerpo del rey Vena nació una especie de enano.

La persona nacida de los muslos del rey recibió el nombre de Bâhuka. Era negro como un cuervo, con los miembros cortos y grandes mandíbulas. Su pelo era cobrizo, tenía la nariz chata y los ojos rojizos.

Era muy pacífico y sumiso. Nada más nacer, se postró ante los sabios y les preguntó: "¿Qué debo hacer?". Los sabios le contestaron: "Por favor, siéntate [*nishâda*]. Por ello tomó el nombre de Nishâda, el padre de la raza *naishâda*.

Tras su nacimiento, Nishâda asumió las acciones resultantes de los actos pecaminosos del rey Vena, por lo que desde entonces, sus descendientes se dedican a robar y cazar y sólo se les permite vivir en los bosques y en las montañas.

El gran sabio Maitreya continuó: Mi querido Vidura, los brahmanes y los sabios agitaron entonces los dos brazos del cuerpo muerto del rey Vena. De ellos salieron un hombre y una mujer.

Los sabios eran doctos en la sabiduría védica. Cuando vieron al hombre y la mujer se sintieron muy complacidos, pues comprendían que aquella pareja era una manifestación de poder creador del dios Vishnu.

Los sabios dijeron entonces: "Este hombre es una manifestación del poder del dios Vishnu, quien preserva el universo entero, y la mujer es una manifestación de la diosa de la fortuna [Lakshmî], que nunca se separa de su divino esposo."

"La fama del hombre se extenderá por todo el mundo. Su nombre será Prithu y será el primero entre los reyes."

"La mujer, con sus buenas cualidades, hará más bellos los ornamentos con que se adorne. Su nombre será Archis y será ña futura esposa del rey Prithu."

"Para proteger a la humanidad, el dios Vishnu se ha manifestado en esta forma del rey Prithu por medio de una parte de su poder. La diosa de la fortuna, compañera del dios, ha encarnado en Archis para ser la esposa de Prithu."

El gran sabio Maitreya continuó: Mi querido Vidura, entonces los brahmanes glorificaron solemnemente al rey

Prithu y los mejores cantores celestiales entonaron himnos en su alabanza. Los moradores de los cielos derramaron sobre ellos una lluvia de flores y las hermosas ninfas del paraíso bailaron en éxtasis.

SOMADEVA

Kathâsaritsâgara

El **Kathâsaritsâgara** *("Océano de corrientes de cuentos") es la más amplia y famosa colección de cuentos indios conservada hasta la fecha. Su autor fue el brahmán Somadeva (1029–1064), poeta en la corte del rey Ananta de Cachemira. Compuso la obra en la segunda mitad del siglo XI. Dentro del cuento que sirve de marco se suceden y se entrelazan narraciones de todo tipo, alcanzándose las 24.000 estrofas, lo que hace de esta obra el documento más genuino e importante de aquella época.*

El estilo del **Kathâsaritsâgara** *es muy sencillo, elegante y de fácil lectura. Su contenido es muy variado: relatos fantásticos con intervención de genios y demonios, leyendas del mar, viajes y aventuras por tierra, historias picarescas, de amor, religiosas y de otros muchos temas que tienden a celebrar la vida terrena y sus goces. Dentro de esta obra hallamos recensiones de otras importantes y el elevado número de cuentos que la constituyen —más de 350— ofrece especial interés para la historia de la literatura india y para el conocimiento de las costumbres y la vida del país en el período clásico. Es la fuente de muchas de las narraciones de* **Las mil y una noches** *y su contenido llegó hasta Occidente a través de los árabes. Es de destacar el hecho de que su ausencia de contenido moralizante lo convierte en un claro ejemplo de "narrativa pura" en lengua sánscrita.*

Los argumentos se desarrollan en todos los niveles sociales, existiendo desde historias cortesanas hasta narraciones de la vida de las clases más humildes. También son frecuentes las historias mitológicas y de ambiente religioso. Es de destacar el que todas ellas intentan lograr inteligibilidad cultural en todas las zonas de la India. Las diferencias regionales no se acentúan y muchas veces ignoramos en dónde exactamente se sitúa la acción, pues los autores pretenden que su mensaje no se vea mermado por factores regionales y llegue por igual a todos los habitantes de la península indogangética.

LOS ARDIDES DE LAS CORTESANAS

Hay una bella y próspera ciudad llamada Chitrakûta donde vivía Ratnavarmâvarmâ, un mercader rico entre los ricos. El mercader hizo ofrendas al dios Shiva y le nació un hijo, al que llamó Îshvara. El muchacho estudió todas las ciencias y cuando Ratnavarmâvarmâ, que no tenía más hijos, vio que Îshvara crecía, pensó para sí:

"Dios ha creado cortesanas bellas y pérfidas para robar los corazones y las riquezas de los jóvenes que quedan embriagados por su belleza. Mandaré a mi hijo con una cortesana experta para que se familiarice con sus trucos y no se deje engañar por ellos."

De esta manera, mandó a su hijo a la mansión de una cortesana llamada Yamajivhâ.

Ratnavarmâ e Îshvara oyeron a la vieja cortesana, de hinchadas mejillas, grandes dientes y roja nariz enseñar a su hija lo siguiente:

—Todos honran a las riquezas, especialmente las cortesanas, pero la cortesana que se enamora pierde su ocasión de conseguirlas. Una cortesana debe renunciar al amor, porque el amor sólo traerá oscuridad a su vida, tan cierto como el ocaso trae a la noche. Una cortesana bien adiestrada muestra afecto como lo haría una actriz. Primero consigue el amor del hombre y después, su riqueza. Si él se arruina, ella debe abandonarle, pero si él recobra su dinero, entonces ella deberá volver con él. Una cortesana es como un santo, porque trata a todos los hombres por igual: jóvenes, viejos feos o deformes. Así consigue el propósito supremo de su vida.

Cuando Yamajivhâ hubo acabado su lección, Ratnavarmâ se le acercó y ella le hizo los honores de invitado. Él se sentó y dijo:

—Enseña a mi hijo los trucos de las cortesanas para que los conozca bien. Te daré mil monedas por tu trabajo.

La vieja cortesana accedió a hacerlo. Ratnavarmâ le dio el dinero, dejó a su hijo con ella y regresó a su casa.

En un año Îshvara aprendió con Yamajivhâ todas las mañas de las cortesanas y regresó a su hogar.

Cuando Îshvara hubo cumplido dieciséis años, le dijo a su padre:

—El dinero es como la religión y el amor para gentes como nosotros y por el dinero somos respetados.

Ratnavarmâ se puso contento al oír esto y, como estaba de acuerdo con su hijo, le dio cincuenta mil monedas de oro para que empezara algún negocio. En un día auspicioso Îshvara organizó una caravana y partió en dirección a Svarnadîpa. De camino llegó a la ciudad de Kâñchanapura y acampó fuera de sus muros.

Después de bañarse y comer, el joven entró en la ciudad y se dirigió al templo para presenciar las danzas. Allí vio a una bella bailarina llamada Sundarî, que se movía como una ola de belleza impulsada por el viento de la juventud. Se enamoró de ella nada más verla y olvidó en un momento todo lo que le había enseñado la vieja cortesana. Al final del baile mandó un mensaje a la bailarina a través de una amiga y ella, al recibirlo, se inclinó y dijo que se sentía honrada de aceptar su amistad.

Îshvara dejó su tienda al cuidado de unos guardias y marchó a la casa de Sundarî. Cuando llegó allí, Makarakatî, la madre de Sundarî, le honró con los rituales habituales. Por la noche le llevó a una habitación que tenía una cama con un dosel de relucientes joyas. Îshvara pasó allí la noche con Sundarî, que era una hábil bailarina que hacía honor a su nombre, que significaba "bella". Ella le cautivó con sus encantos sin dejarle ni un momento y a la mañana siguiente él ya se sentía incapaz de abandonarla. En esos dos días el hijo del mercader le dio oro y joyas por valor de doscientas cincuenta mil monedas.

—Yo ya tengo muchas riquezas, pero nunca he tenido a un hombre como tú. ¿Para qué necesito el dinero, cuando tú eres mi más preciada posesión? –le preguntó Sundarî, rechazando su regalo con falsas muestras de cariño.

Sundarî era hija única y, por ello, Makarakatî le dijo:

—Desde ahora en adelante, toda su riqueza es tan nuestra como suya y tú debes aceptar todo lo que te dé. No hay nada de malo en ello.

Sundarî comenzó a aceptar regalos, fingiendo que lo hacía de mala gana, y el necio Îshvara pensó que estaba enamorada de él. El mercader, encantado por su belleza, su danza y sus canciones, permaneció en su casa y casi sin que lo notara pasaron dos meses. En ese tiempo le entregó veinte mil monedas.

Uno de los amigos de Îshvara, Arthadatta, fue a visitarle y le dijo:

—¿De qué ha valido todo lo que aprendiste con tanta dificultad de la vieja cortesana? No te ha servido para nada, ahora que te encuentras en esa situación, al igual que al cobarde el conocer las armas no le sirve de nada en una batalla. ¿Cómo puedes creer que una cortesana se va a enamorar de ti? ¿Existe acaso agua en los espejismos del desierto? Abandonemos este lugar antes de que te gastes todo tu dinero, porque si tu padre llega a saberlo se indignará mucho.

Îshvara dijo a su amigo:

—Es verdad que uno no puede fiarse del amor de las cortesanas, pero Sundarî no es como las otras. Moriría al punto si me alejara de su lado. Si quieres, compruébalo, diciendo que nos vamos a marchar.

Arthadatta le habló a Sundarî en presencia de Îshvara y de Makarakatî.

—Tú amas mucho a Îshvara, pero él ha de ausentarse ahora y marchar hacia Svarnadvîpa para comerciar. Ganará allí mucho dinero y regresará para vivir felizmente contigo. Déjale partir.

Los ojos de Sundarî se llenaron de lágrimas y fingió una gran tristeza, diciéndole a Arthadatta:

—¿Qué puedo yo decir ante tus prudentes palabras? ¿Quién puede decir lo que va a suceder? Me resigno con mi destino.

—Sé valiente y deja de lamentarte —dijo su madre—. Tu amante cumplirá sus fines y regresará junto a ti.

Mientras Makarakatî consolaba a su hija, urdía un plan secreto. Hizo colocar una red en el interior de un pozo que se hallaba en el camino que iba a seguir Îshvara. Éste estaba terriblemente apesadumbrado ante la idea separarse de su amada y Sundarî casi no comía ni bebía, como si se hallase triste. No se tomaba interés por el baile ni por el canto e Îshvara tuvo que reafirmarle su amor.

El día fijado Îshvara partió y Makarakatî rezó por el éxito de su viaje. Sundarî derramó copiosas lágrimas y le siguió junto con su madre hasta que llegaron al pozo en las afueras de la ciudad. Îshvara instó a Sundarî a que regresara y continuó su camino, pero ella se arrojó al pozo en el que habían colocado la red. De inmediato su madre y los sirvientes comenzaron a lamentarse.

Al escuchar los gritos, Îshvara y su amigo dieron la vuelta y regresaron. Les dijeron que Sundarî se había arrojado a un pozo. Îshvara quedó atónito. Makarakatî continuó lamentándose, pero mandó a sus sirvientes al pozo. Ellos bajaron a él con cuerdas y gritaron:

—¡Milagro! ¡Está viva! ¡Está viva!

Sacaron del pozo a Sundarî, que fingía estar medio muerta y llamaba a Îshvara. Cuando él llegó a su lado ella comenzó a llorar suavemente. Îshvara quedó encantado, la consoló y la llevó a la casa. Decidió que Sundarî le amaba verdaderamente y que ese amor era el verdadero objetivo de su vida. Renunció a su viaje y decidió quedarse junto a ella.

—Amigo, ¿por qué te empeñas en destrozar tu vida con esta relación? –le preguntó Arthadatta–. ¿No pensarás que Sundarî te ama porque se tirara al pozo? Las tretas de las cortesanas son suficientes como para engañar a los mismos dioses. ¿Qué dirá tu padre cuando vea que has gastado todo tu dinero? ¿A dónde irás? Si todavía te queda un ápice de inteligencia, deja este lugar de inmediato.

Pero Îshvara ignoró las advertencias de su amigo y permaneció en la casa de Sundarî durante otro mes, en el que se gastó el resto del dinero que su padre le había dado como capital.

Cuando no le quedó nada, Makarakatî le echó de la casa. Mientras tanto Arthadatta había vuelto a Chitrakûta y contado al padre de Îshvara todo lo sucedido. Ratnavarmâ quedó muy afligido y fue a ver a Yamajivhâ, la vieja cortesana.

—Me cobraste mucho dinero por enseñar a mi hijo, pero ahora Makarakatî le ha quitado todo lo que tenía – le dijo. Y le contó todo lo que le había sucedido a Îshvara.

—Mándame a tu hijo cuanto antes –le dijo Yamajivhâ– y podrá recuperar todo lo que Makarakatî le arrebató.

Ratnavarmâ envió inmediatamente a Arthadatta para que trajera a su hijo de vuelta a casa y le mandó algo de dinero para sus gastos. Arthadatta llegó a Kâñchanapura y le dio a Îshvara el mensaje de su padre. Y añadió:

—No quisiste escucharme y ahora has visto cuán crueles pueden ser las cortesanas. Después de que les diste a Sundarî y a su madre cincuenta mil monedas, te arrojaron de su casa. ¿Qué hombre sabio intentaría obtener amor de una cortesana o aceite de la arena? ¿Por qué estuviste ciego ante este hecho? Un hombre es valiente, sabio y afortunado mientras se mantenga lejos de tales mujeres. Así es que vuelve junto a tu padre y hazle feliz.

Con estas palabras Arthadatta persuadió a Îshvara de que regresara y le condujo junto a su padre. Ratnavarmâ habló con dulzura a su hijo, porque le amaba de veras, y le llevó de nuevo a la casa de Yamajivhâ. Arthadatta contó los detalles de la historia, incluyendo cómo Sundarî se había tirado al pozo y convencido luego a Îshvara para que le entregara el resto de su dinero.

—Yo tengo la culpa —dijo Yamajivhâ—, pues olvidé enseñarle esa artimaña. Makarakatî había colocado una red en el interior y Sundarî saltó sabiendo que nada le sucedería. Pero yo tengo la solución.

Entonces mandó a sus sirvientes que le trajesen un mono que se llamaba Âla. Le dio al animal mil monedas y le dijo que se las tragara. El mono lo hizo, tal y como le habían enseñado. Entonces Yamajivhâ dijo:

—Mi pequeño, da a este hombre veinte monedas, veinticinco a este otro, sesenta al otro y cien a este último.

Y el mono comenzó a vomitar las cantidades de dinero que le pedían. Después de que Yamajivhâ hubo mostrado las habilidades del simio, le dijo a Îshvara:

—Llévate este mono contigo y vuelve a la casa de Sundarî. Cada día pídele el dinero que antes le habrás hecho tragar en secreto. Cuando Sundarî vea lo que puede hacer este animal, que es como la piedra que concede todos los deseos, te dará todo lo que posee para conseguir hacerse con él. Cuando tengas en tu poder toda tu riqueza haz tragar al mono dinero para dos días y aléjate cuanto puedas de la ciudad.

Entregó el mono a Îshvara e hizo que su padre le diera veinte mil monedas como capital. El joven las tomó y emprendió de nuevo el camino de Kâñchanapura.

Sundarî recibió muy amorosamente a Îshvara y cuando éste su hubo ganado la confianza de la joven envió a Arthadatta a por el mono. El animal se había tragado ya mil monedas y Îshvara le dijo:

—Pequeño Âla, danos trescientas monedas para que podamos comer y beber bien hoy y otras cien para diversos gastos. Dale cien a Makarakatî, cien a los brahmanes y otros cien a Sundarî.

El mono hizo como se le ordenaba. Todos los días, durante una quincena Âla le dio a Îshvara dinero para los gastos. Makarakatî y Sundarî pensaron que era un mono mágico que podría proporcionarles cien monedas diarias.

"Si Îshvara nos diera este mono, todos nuestros deseos quedarían satisfechos", pensaron.

Sundarî y su madre trataron en privado del asunto y un día la joven le dijo a Îshvara:

—Si me amas verdaderamente, regálame a Âla.

—Pertenece a mi padre, quien le quiere mucho – replicó Îshvara, con una sonrisa–. No sería apropiado que yo te lo regalara.

—Si me lo entregas, te daré cincuenta mil monedas de oro –insistió Sundarî.

Entonces, fingiendo considerar el asunto y haber llegado a una decisión, Îshvara dijo:

—Aunque me dieras todo lo que posees y toda esta ciudad, no te lo entregaría y menos por unos cuantos miles.

—Te daré todo lo que poseo —suplicó Sundarî, cayendo a los pies del hijo del mercader—, pero debes entregarme al animal o mi madre no me perdonará.

Entonces intervino Arthadatta:

—Dáselo y que suceda lo que tenga que suceder.

Îshvara prometió a Sundarî que le entregaría al mono y pasó todo ese día con la cortesana. Hizo tragar en secreto al animal dos mil monedas antes de dárselo a Makarakatî. Luego tomó todas las riquezas de las cortesanas y marchó en dirección a Svarnadvîpa.

Sundarî no cabía en sí de gozo, porque en los siguientes dos días el mono le dio dos mil monedas. Pero el tercer día, por mucho que se lo pidió, no consiguió que le diera nada. Entonces Sundarî golpeó al mono con el puño. El animal se enfadó y mordió a Sundarî y a su madre. Makarakatî, con el rostro lleno de sangre, golpeó al mono con una palo hasta que éste murió.

Cuando vieron que Âla había muerto y se dieron cuenta de que habían dejado escapar toda su riqueza, madre e hija quisieron suicidarse. Todas las gentes del lugar rieron al saber el suceso y dijeron:

—Makarakatî robó a aquel hombre con el truco de la red, pero él las despojó de todo con un truco mejor: el del mono. Ellas vieron la trampa que le habían puesto, pero no se dieron cuenta de que él también les había tendido otra.

Los parientes de Sundarî y Makarakatî tuvieron que intervenir para impedir que las dos mujeres se suicidasen de veras.

Îshvara regresó de Svarnadvîpa con una gran cantidad de dinero. Su padre quedó muy complacido, premió a Yamajivhâ y organizó una gran fiesta. Îshvara se dio cuenta de lo nefasto de las relaciones con las cortesanas, contrajo matrimonio y vivió una vida feliz con su esposa.

BILHANA

Chaurapañchashikâ

Bilhana fue un famoso poeta de Cachemira, que vivió entre los siglos XI y XII. Viajó ampliamente por toda la India hasta establecerse en la corte del rey Vikramâditya VI, quien el concedió el título de vidyâpati, *"Señor de la sabiduría". Fue autor de un poema titulado* **Vikramânkadevacharita**, *en honor de su protector, de gran precisión y fidelidad a la historia, y del poema erótico titulado* **Chaurapañchashikâ** *("Las cincuenta estrofas de la voluptuosidad").*

Este poemario, conocido por tres recensiones y ampliamente imitado, trata de los amores secretos y de la forma de reaccionar de las mujeres ante diferentes situaciones amorosas. Se caracteriza por la sencillez de su estilo, por la elegancia del ambiente que describe y por un abundante empleo de eufemismos, que evita que la composición pueda caer en un erotismo demasiado explícito. Aunque las estrofas puede leerse en sucesión y de ellas vamos infiriendo la trama de los amores de los protagonistas, cada una de ellas tiene un valor y un sentido independientes. El argumento cuenta la historia de unos amores imposibles entre un poeta y una princesa. Tras ser condenado a muerte, el poeta sube al cadalso y recita en cada peldaño una evocación de sus amores. Impresionado por la belleza de los poemas, el rey le perdona la vida y autoriza el casamiento.

El estilo es un prodigio de síntesis y con muy pocas palabras nos hace penetrar en el ambiente amoroso, que aparece totalmente desligado de toda otra realidad y como un verdadero fin en sí mismo.

CHAURAPAÑCHASHIKÂ
(Selección)

Todavía recuerdo
el rastro de vello
que llega hasta su ombligo,
su rostro, como un loto abierto,
y a toda ella, brillante
como una guirnalda
de doradas magnolias.

La recuerdo
al despertar de su sueño,
laxa tras el esfuerzo del amor.
Si volviese a ver
de nuevo su rostro de luna
lleno de juventud,
sus turgentes senos,
su belleza transparente,
su cuerpo abrasado
por el fuego de las flechas
del pícaro amor,
me entregaría
a acariciar sus miembros.

Si pudiese ver
sus ojos suaves como el loto;
si pudiera verla aún,
vencida por el peso de sus senos pletóricos,
la abrazaría fuertemente
y bebería hasta saciarme
del néctar de su boca
como una abeja se embriaga con la flor.

Todavía la recuerdo
temblando por su oculto pecado,
con los miembros cansados
por la pasión del amor,
mientras sobre sus pálidas mejillas
caían sus cabellos
y rodeaba mi cuello con sus brazos,
delicados como enredaderas.

Aún recuerdo
sus inmensos ojos,
sus trémulas pupilas
siempre en movimiento,
girando embriagadas
a causa del placer.

Y la recuerdo luego
jugando en su pasión
como un cisne real
en un estanque de lotos
y despertando al amanecer,
sonrosada por la vergüenza.

Si aún hoy
pudiera contemplar
su esbelta figura,
consumida por la larga ausencia,
y sus ojos dilatados
casi hasta las sienes,
uniría miembro a miembro
su cuerpo con el mío
y no abriría los ojos
ni aflojaría mi abrazo.

Todavía la recuerdo,
en su danza erótica,
con las curvas de sus pechos,
sus redondas nalgas,
su delgado cuerpo
lleno de voluptuosidad
y su hermoso rostro
como la luna llena,
cubierto todo él
por el desorden de sus cabellos.

Todavía la recuerdo
recostada en el lecho.
Su cuerpo tenía la fragancia
de la mezcla de almizcle
con la pasta de sándalo.
Cerraba sus ojos
y nuestros labios se juntaban
tan suavemente como sus pestañas.

Todavía recuerdo
sus grandes ojos,
que brillaban lascivos
cuando la poseía,
sus juguetones labios
enrojecidos por el licor.

Recuerdo todavía,
su grácil cuerpo
cubierto de azafrán y almizcle
y la hoja de bétel en su boca.

Todavía
al final de mi vida,

recuerdo el rostro de mi amada
húmedo por las gotas de sudor,
untado de pomadas
brillantes como el oro,
como la luna tras un eclipse.
como el disco lunar liberado del eclipse.

Todavía veo
parpadear sus ojos
debido al cansancio
del goce amoroso.
Todavía recuerdo
la noche en que estornudé
y la enojada doncella
no pronunció palabras auspiciosas.

Aun la recuerdo
colocándose silenciosamente
en el lóbulo de su oreja
su pendiente de oro.

Todavía recuerdo a mi amada
cuando llevamos a cabo
el coito invertido.
El esfuerzo del movimiento
cubría su rostro
con ristras de perlas,
gotas claras y grandes de sudor,
mientras sus pendientes dorados
rozabas sus mejillas.

Todavía recuerdo
su mirada sesgada
que suplicaba amor,

sus miembros
estremecidos por el deleite.

Recuerdo tras su velo
el hermoso aspecto de sus senos
y sus labios
enrojecidos por mordiscos.

Todavía recuerdo a mi amada
con el lánguido paso de la garza
y sus manos sonrosadas,
como brotes nuevos del árbol de *ashoka*.

Todavía contemplo
el collar de perlas que rozaba sus pezones
y la tersa superficie
de sus blancas mejillas
iluminada
por una sonrisa interior.

Todavía recuerdo
cómo la despojé de su vestido
que brillaba como el oro
y descubrí en sus turgentes muslos,
llenos de polvo dorado,
la marca de los arañazos
que ella misma se hizo.

Y recuerdo
que cubriendo esas marcas con las manos,
se alejó
llena de vergüenza.

Todavía la recuerdo

solitaria,
con sus inquietos ojos
negros por el colirio,
sus redondas nalgas
y sus amplios pechos.
Llevaba puestos sus brazaletes de oro,
y el cabello lleno flores.
Recuerdo la belleza de sus dientes
como perlas rodeadas de carmín.

Todavía recuerdo
cómo estando a solas
se soltaba los cabellos
y arrojaba lejos la guirnalda de flores.

Recuerdo
sus labios endulzados
por el néctar de su risa,
su mirada ansiosa
y su collar de perlas,
que parecía besar
sus pechos redondos y enhiestos.

Todavía la recuerdo
a solas
en la blanca mansión,
entre en la oscuridad rota
por los destellos de las lámparas.
Pienso en cómo me miró,
avergonzada y temerosa,
de vergüenza y de temor
cuando la desnudé
para contemplarla a placer.

Todavía la recuerdo
con sus andares de cisne,
sus ojos de gacela
y sus hermosos dientes.
Veo su cuerpo pequeño,
luciendo alhajas
de muchos colores y diseños,
consumiéndose en el fuego de la ausencia.

Ella es el recipiente
donde se ha vertido mi placer.

JAYADEVA

Gîtâgovinda

Jayadeva fue uno de los poetas de corte del rey Lakshmanasena de Bengala. Vivió durante el siglo XII y tuvo fama de santo y taumaturgo. Fue un devoto del dios Vishnu –de quien se decía que tenía frecuentes visiones– y experto en las tradiciones de su culto. Según la leyenda, el mismo dios le ayudaba a completar su obra en los momentos en los que le abandonaba la inspiración. Jayadeva fue pionero en el empleo de algunos tipos de versos aptos para ser cantados. No ha de ser confundido con otros autores de su mismo nombre.

*El **Gîtâgovinda** ("Canto de Govinda") es una obra poética dividida en doce libros. Su tema es el erótico-religioso. "Govinda" es un nombre de Krishna (octava encarnación del dios Vishnu) y el poema describe sus amores con la pastora Râdhâ, los celos, la separación y la reconciliación de ambos en la ciudad sagrada de Vrindâvana.*

Esta composición es radicalmente diferente en estructura y en estilo a los poemas anteriores y constituye casi una obra dramática. Los versos hablados alternan con las estrofas narrativas, mientras que el núcleo principal de la obra está constituido por himnos. Su contenido devocional ha hecho pensar que se elaboró en un ambiente popular y sólo más tarde se le hizo una revisión sánscrita. Es una obra poética muy popular y sus versos solían cantarse durante las celebraciones religiosas, sobre todo sus estribillos, compuestos con gran habilidad. Es, a la par, una obra mística, pues los amores que describe simbolizan el amor devoto del alma humana (Râdhâ) por la divinidad (Krishna). Tiene un tono sentimental y afectivo y su expresión es muy eficaz. Ha producido muchas imitaciones y estudios críticos.

GÎTÂGOVINDA II, 5

Las dulces y embriagadoras notas de su flauta
son un eco del néctar de sus labios.
Miran sus ojos inquietos,
se inclina su cabeza,
los zarcillos juegan con sus mejillas.
Mi corazón recuerda a Hari [Krishna]
en su danza de amor,
jugando seductor, riéndose, burlándose de mí.

Un círculo de plumas de pavo real
acariciadas por la luna
corona sus cabellos.
El arco iris da color
a las finas ropas
que cubren su cuerpo broncíneo.
Mi corazón recuerda a Hari en su danza de amor,
jugando seductor, riéndose, burlándose de mí.

Húmedas bocas
de pastoras de redondas caderas
sacian su deseo.
Destellean brillantes sonrisas
de sus suaves labios,
rojos como rubíes.
Mi corazón recuerda a Hari en su danza de amor,
jugando seductor, riéndose, burlándose de mí.

Sus brazos son enredaderas
que abrazan a miles de pastoras.
Los rayos de luz

de sus manos, de sus pies y de su pecho
iluminan la oscura noche.
Mi corazón recuerda a Hari en su danza de amor,
jugando seductor, riéndose, burlándose de mí.

La marca de sándalo en su frente
hace que la luna parezca
como oculta tras densas nubes.
Su corazón cruel
es una puerta cerrada
para los pechos anhelantes.
Mi corazón recuerda a Hari en su danza de amor,
jugando seductor, riéndose, burlándose de mí.

Zarcillos engastados
con forma de serpiente
adornan sus orejas.
Sus ropas de color azafrán
muestran dibujos de sabios,
de espíritus y dioses.
Mi corazón recuerda a Hari en su danza de amor,
jugando seductor, riéndose, burlándose de mí.

Cuando me cita bajo el árbol florecido
calma todo mi miedo
de los tiempos oscuros.
Me deleita
con sus profundas miradas,
que penetran en mi corazón.
Mi corazón recuerda a Hari en su danza de amor,
jugando seductor, riéndose, burlándose de mí.

La canción de Jayadeva
evoca la imagen

del enemigo de Madhu
y es adecuada para aquellos
que recuerdan con devoción
la huella de Dios.
Mi corazón recuerda a Hari en su danza de amor,
jugando seductor, riéndose, burlándose de mí.

JÑÂNESHVARA

Amritânubhava

*Este poeta indio, conocido también como Jñânadeva, nació en 1271 y murió aproximadamente en 1296. Es uno de los santos shivaítas más venerados en su región natal de Mahârâshtra, se le atribuyen numerosos milagros y su sepulcro en la ciudad de Alandi es todavía lugar de peregrinación. Fue autor de la obra **Jñâneshvarî**, un comentario en verso a la **Bhagavad Gîtâ**, que destaca por haber sido compuesta en la legua vernácula* marathî, *siendo uno de los libros más antiguos de esa lengua.*

*En sánscrito compuso el **Amritânubhava**, ("La ambrosía de la experiencia"), un poema filosófico muy erudito, en donde aúna sus postulados de pensamiento de los sistemas de filosofía Sânkhya y Vedânta, con sus expresiones devotas, en las que sobresalió. El libro está dirigido no a un público amplio, sino específicamente a los que están en el camino espiritual y describe principalmente la naturaleza material y el espíritu inmanente, así como los medios de conocimiento.*

Su prosa es muy sencilla y llena de ejemplos ilustrativos, pero carece de todo elemento ornamental.

LA DIFERENCIA ENTRE EL CONOCIMIENTO Y LA IGNORANCIA

Como la vigilia acaba con el sueño, así el conocimiento acaba con la ignorancia y se erige en dueño y señor.

Al mirarnos en un espejo contemplamos nuestra propia imagen, pero ésta ha existido siempre.

De esta forma, el conocimiento relativo nos da a conocer la identidad entre el alma y el universo.

El gusano de seda muere dentro de su capullo. Si un ladrón se esconde dentro de un saco cerrado, quedará igualmente prisionero.

Cuando se quema el alcanfor, el fuego se consume. Igual le sucede al conocimiento al destruir la ignorancia.

Al desaparecer la ignorancia, el conocimiento se expande hasta desaparecer.

Cuando va a acabarse el aceite de una lámpara, la llama brilla con más fulgor, anunciando su cercano fin.

¿Cómo saber si los pechos femeninos están en desarrollo o en decadencia? ¿Está un jazmín a punto de florecer o de marchitarse? El agua se eleva con la ola y se hunde después y tras la luz del relámpago viene la oscuridad.

El conocimiento, tras hacer desaparecer las aguas de la ignorancia, se expande hasta su aniquilación.

Si hubiera un diluvio, tanto las tierras como las aguas quedarían sumergidas.

Si el sol aumentara de dimensiones, la luz y la oscuridad se fundirían en una única luz.

El despertar desplaza al sueño y luego desaparece, dando paso al estado de vigilia.

De igual manera, el conocimiento relativo que destruye a la ignorancia se funde en el conocimiento absoluto.

El conocimiento absoluto es como la luna que, pese a crecer y menguar, siempre resplandece.

El conocimiento absoluto no necesita de otro tipo de conocimiento para manifestarse ni puede verse ensombrecido por la ignorancia.

Pero, ¿puede el conocimiento absoluto conocerse a sí mismo? ¿Puede verse a sí mismo el ojo? ¿Puede crearse a sí mismo el espacio? ¿Puede el fuego quemarse a sí mismo? ¿Puede un hombre subirse a sus propios hombros?

¿Puede la vista verse, el sabor degustarse o el sonido oírse? ¿Puede el sol iluminarse? ¿Puede un fruto dar otro fruto? Igualmente, el conocimiento absoluto no se conoce. Es único en sí y, por lo tanto, no es consciente de su ser.

Si el conocimiento absoluto precisara de otro conocimiento para conocerse, no sería sino una forma de ignorancia.

La luz no es oscuridad. Pero, ¿es luz para sí misma? De esta misma forma, el Absoluto no es ni existencia ni inexistencia. Esto puede confundir, pues si nada existe, ¿quién sabe que nada existe? ¿Quién puede demostrarlo? El nihilismo no es compatible con el Ser.

Si al apagar una lámpara, no se ve a quien la ha apagado, ¿quién sabe que no hay luz? Si el sueño fuera la muerte, ¿quién sabría que había dormido? A una vasija se la percibe entera o rota, según su estado. Pero, cuando no hay objeto ni sujeto, ¿quién podría describir lo que hay? El conocimiento absoluto no percibe su existencia, lo cual no implica que no exista. El Ser existe, por encima de su percepción.

El Absoluto no es sujeto ni objeto. ¿Significa ello que no existe? Si un hombre se queda dormido en un bosque, nadie le puede ver y ni él mismo es consciente de su existencia.

Pero ello no implica que no exista. De igual manera sucede con el Absoluto, cuya existencia no se puede afirmar ni negar.

Al dirigir la mirada hacia el interior, se deja de percibir lo de fuera, pero por ello el mundo exterior no deja de existir ni el hombre deja de saber que existe.

Si un hombre de tez oscura se halla en la oscuridad, nadie le podrá ver. Sin embargo, no deja de existir ni de ser consciente de su existencia.

Pero la existencia del Absoluto no es como la existencia o inexistencia del hombre. El Ser es en sí mismo.

En el cielo no hay formas. Pero aunque no se pueda describir el firmamento por sus formas, no deja existir.

Si una vasija está llena de agua, puede parecernos vacía. Pero el agua siempre habrá estado allí.

De igual forma la existencia pura es en sí misma, independientemente de la existencia o la inexistencia.

Es como un estado de vigilia en el que no se recuerda haber despertado jamás ni se es consciente de estar despierto.

Si colocamos una vasija en el suelo, eso es lo que vemos. Si quitamos la vasija, sólo vemos el suelo.

Pero si no colocamos la vasija ni la quitamos, el suelo existe en un estado puro, sin calificativos. Ese es el estado del Absoluto.

OTROS LIBROS DEL AUTOR SOBRE TEMAS DE LA INDIA

ABC del hinduismo: conceptos, términos y nombres
Un diccionario de hinduismo

Animales sagrados de la India
Un libro sobre la ecología hindú y el respeto a los animales

El libro de la India
Una pequeña enciclopedia cultural sobre la historia y el pensamiento de la India

Introducción al hinduismo
El hinduismo explicado con sencillez, con una antología de textos

La esencia del hinduismo
Un completo compendio de creencias, dioses, ritos y costumbres

La religión de los sijs
Un compendio del sijismo: una de las religiones más desconocidas

La sociedad india: virtudes y defectos
Un libro claro y divulgativo sobre los indios y su forma de vida

La trinidad hindú

Un libro sobre la *trimûrti*, los tres dioses de la India, y su mitad femenina

Los enigmas de la India: claves para entender una cultura
Escritos sobre la India: castas, lenguas, literatura, costumbres

Los ritos del hinduismo
Una descripción del ritualismo de la India y sus variantes

Signos y símbolos del hinduismo
Simbología del hinduismo y el budismo

Diccionario de español-hindi
Diccionario de hindi-español

SOBRE EL AUTOR

Enrique Gallud Jardiel (Valencia, 1958) es un escritor y ensayista español. Pertenece a una familia de raigambre literaria, pues es nieto del comediógrafo Enrique Jardiel Poncela e hijo de actores. Es Doctor en Filología Hispánica y ha enseñado en universidades de España y del extranjero. Ha vivido más de 17 años en la India. Ha publicado más de ciento cincuenta libros sobre diversos temas.

Made in the USA
Las Vegas, NV
27 December 2021